中等职业教育民航专业系列教材

ZHONGDENG ZHIYE JIAOYU MINHANG ZHUANYE XILIE JIAOCAI

民航
旅客地面服务

主　编◎张秋杰　冯　利

副主编◎胡　瑶　彭　毅

参　编◎王椤兰　邓治芳　陆芙蓉　罗一鸣　熊　巧

重庆大学出版社

图书在版编目（CIP）数据

民航旅客地面服务 / 张秋杰，冯利主编. --重庆：
重庆大学出版社，2022.8
ISBN 978-7-5689-3288-2

Ⅰ.①民… Ⅱ.①张… ②冯… Ⅲ.①民用航空 — 乘
务人员 —礼仪— 中等专业学校 — 教材 Ⅳ.①F560.9

中国版本图书馆CIP数据核字（2022）第070805号

中等职业教育民航专业系列教材
民航旅客地面服务
主 编：张秋杰 冯利
责任编辑：杨 漫 版式设计：杨 漫
责任校对：刘志刚 责任印制：赵 晟

*

重庆大学出版社出版发行
出版人：饶帮华
社址：重庆市沙坪坝区大学城西路21号
邮 编：401331
电话：（023）88617190 88617185（中小学）
传真：（023）88617186 88617166
网址：http://www.cqup.com.cn
邮箱：fxk@cqup.com.cn（营销中心）
全国新华书店经销
重庆五洲海斯特印务有限公司印刷

*

开本：787mm×1092mm 1/16 印张：5.5 字数：139千
2022年8月第1版 2022年8月第1次印刷
ISBN 978-7-5689-3288-2 定价：29.00 元

前　言

　　本书对应的课程是中等职业学校航空服务专业中的空港地面服务的一门专业技能课程，也是从事民航地面服务岗位工作的一门必修课程。其主要目的是使学生掌握地面服务、航班延误处置、行李运输等方面的知识与技能，进一步提高未来航空服务专业从业人员的综合素质。

　　本书采用"项目—任务"的形式编排，分为6个项目，14个任务。本书的主要特点如下：内容丰富，本书在编写过程中参考了航空公司、机场内部资料，能够同时满足教学和实际工作的双重需要；通俗易懂，本书在编写过程中充分考虑到了学生的年龄特征和专业基础，对新知识做了详细介绍。

　　本书由张秋杰、冯利任主编，胡瑶、彭毅任副主编。项目一民航职业道德与法律、项目二民航基础知识由胡瑶、罗一鸣编写，项目三旅客地面服务、项目六旅客、航班运输不正常的服务由张秋杰、熊巧负责，项目四值机服务由冯利编写，项目五行李服务由彭毅编写。全书统稿由张秋杰、胡瑶负责，内容校对由王椤兰、邓治芳、陆芙蓉负责。

　　本书在编写过程中，参阅了大量专家、学者的论著，也借鉴了很多业内外人士的观点，在此向他们表示真诚的感谢。由于教材编写时间紧，疏漏和不足之处在所难免，谨恳请各位专家、各院校教师和同学们不吝赐教，我们将认真对待，及时修正。

《民航旅客地面服务》编写组

2021 年 12 月

目 录

项目一　民航职业道德与法律

任务一｜民航职业道德与守则

任务描述

候机大厅，原计划20:40起飞的航班因航空公司原因延误到22:30才开始登机，登机时，旅客看到地面工作人员有说有笑且在调侃旅客，引来旅客投诉。作为机场值机服务人员应具备怎样的职业素养，为旅客提供良好的服务呢？

任务目标

1. 能了解民航职业道德。
2. 能根据民航职业道德守则要求自己，并成为一名合格的民航员工。

任务探究

一、民航职业道德

1. 职业道德

职业道德，是人们在职业活动中应遵循的特定职业规范和行为准则，即正确处理职业内部、职业之间、职业与社会之间、人与人之间关系时应当遵循的思想和行为的规范。它是一般社会道德在不同职业中的特殊表现形式。职业道德是在相应的职业环境和职业实践中形成和发展的。职业道德不仅是从业人员在职业活动中的行为标准和要求，而且是本行业对社会所承担的道德责任和义务。职业道德是社会道德在职业生活中的具体化。

2. 民航旅客地面服务工作职业道德素养

民航旅客地面服务工作的职业道德素养是职业道德在民航职业活动中的具体体现，既是民航旅客地面服务人员处理职业活动中各种关系的行为准则，也是衡量其行为优劣的标准。

二、民航职业守则

1. 遵纪守法、诚实守信

遵纪守法是个公民都应当履行的基本义务。现代社会要求每个公民都应学法、懂法、守法、护法，我们的一切活动都应纳入法律的轨道，这是保证社会稳定发展的前提条件。对每一个从业人员来说，遵纪守法主要指的是要遵守职业纪律和与职业活动相关的法律法规。作为一名民航旅客地面服务工作者要严格遵守本国的法律法规。诚实守信既是一种道德品质和道德信念，也是每个公民的道德责任，更是一种崇高的人格力量。民航旅客地面服务工作者应诚信对旅客、信对同事、诚信对国家、诚信对社会。

2. 爱岗敬业、忠于职守

爱岗敬业、忠于职守是民航地面服务人员最基本的职业道德，它的基本要求是：民航地面服务人员要以忠诚于国家和人民为己任，认真履行自己的职业责任和职业义务。具体要求如下：一是认真履行岗位职责，认真做好本职工作，不论是值机服务还是旅客服务，都要做到兢兢业业、忠于职守；二是正确认识个人与民航整体间的关系，先国后家，先公后私，积极建言献策，主动担当，时刻牢记为人民服务的宗旨，对旅客负责，维护国家形象；三是要做好以苦为伴的思想准备，筑建"牺牲小我，奉献大众"的民航意识；四是杜绝玩忽职守、麻痹大意。

3. 钻研业务，提升技能

职业技能，也称为职业能力，是人们在职业活动中必须具备的业务能力，具体包括处理业务的能力，实际操作的能力、技术能力及相应的理论知识。不断提高个人的职业技能并积极推进整体从业人员职业技能的提升是我们每一名民航客运人员的责任和使命，也是履行职业责任，实现职业理想的具体体现。

勤于钻研是民航职业道德要求的一个重要方面。中国的航空业方兴未艾，市场发展速度空前。民航旅客地面服务工作者只有不断丰富自己，提高自己才能适应行业的发展。在业务上，一方面要不断拓展自己的知识面，博学多闻，以此来提升服务的品质和应对特殊问题和情况、处理应急事件的能力；另一方面，要注意知识的深化和细化，不能仅仅局限于一般性的了解。

4. 保证安全，优质服务

保证安全，优质服务是对民航旅客运输工作的基本要求，也是民航旅客地面服务工作者职业道德要求的具体内容。安全与服务之间不是矛盾的，而是一个问题的两个方面。保证安全是提供优质服务的前提，而优质服务也包括旅客在接受服务过程中的安全体验。保证安全，提供优质服务体现在以下几个方面：一是树立安全意识和服务意识，端正服务态度；二是掌握安全规章和服务标准，提升服务质量。

5. 团结友爱，协作配合

团结友爱，协作配合有利于营造和谐的工作围，增强团队的凝聚力。要遵循团结友爱、协作配合的职业道德规范，必须做到平等尊重、顾全大局、互相学习、加强协作。

任务实训

1. 收集相关民航地勤职业道德服务案例。
2. 识记民航职业守则的内容。

知识链接

民航人的三个敬畏是指敬畏生命、敬畏规章、敬畏职责。敬畏生命体现了民航业的价值追求，是党的根本宗旨和民航业内在要求的高度统一；敬畏规章体现了民航业的运行规律，是安全的理论与实践经验的高度统一；敬畏职责体现了民航人的职业操守，是岗位责任和专业能力的高度统一。

任务二｜民航相关法律法规

任务描述 ✎

旅客在网上订购某航空公司机票，网上操作时，由于对流程不够熟悉，付款后发现姓名中名字的部首出错，立即要求航空公司更改，遭到拒绝。航空公司称只能退票后重新购买机票。航空公司的做法符合相关法律法规吗？

任务目标 ✎

1. 了解民航运输相关法律法规。
2. 能根据民航相关法律要求自己，并成为一名合格的民航从业者。

任务探究 ✎

一、《中华人民共和国民用航空法》节选

第一百二十四条 因发生在民用航空器上或者在旅客上、下民用航空器过程中的事件，造成客人身伤亡的，承运人应当承担责任，但是旅客的人身伤亡完全是由于本人的健康状况造成的，承运人不承相应责任。

第一百二十五条 因发生在民用航空器上或者在旅客上、下民用航空器过程中的事件，造成旅客随身携带物品毁灭、遗失或者损坏的，承运人应当承担责任。因发生在航空运输期间的事件，造成旅客的托运行李毁灭，遗失或者损坏的，承运人应当承担责任。

旅客随身物品或者托运行李的遗失或者损坏完全是由于行李本身的自然属性、质量或者缺陷造成的，承运人不承担责任。

本章所称行李，包括托运行李和旅客随身携带的物品。

因发生在航空运输期间的事件，造成货物毁灭、遗失或者损坏的，承运人应当承担责任；但是，承运人证明货物的毁灭、遗失或者损坏完全是由于下列原因之一造成的，不承担责任：

（一）货物本身的自然属性、质量或者缺陷。

（二）承运人或者其受雇人、代理人以外的人包装货物的，货物包装不良。

（三）战争或者武装冲突。

（四）政府有关部门实施的与货物入境、出境或者过境有关的行为。

本条所称航空运输期间，是指在机场内、民用航空器上或者机场外降落的任何地点，托运行李、货物处于承运人掌管之下的全部期间。

航空运输期间，不包括机场外的任何陆路运输、海上运输、内河运输过程。但是，此种陆路运输、海上运输、内河运输是为了履行航空运输合同而装载、交付或者转运，在没有相反证据的情况下，所发生的损失视为在航空运输期间发生的损失。

第一百二十六条 旅客、行李或者货物在航空运输中因延误造成的损失，承运人应当承担责任；但是，承运人证明本人或者其受雇人、代理人为了避免损失的发生，已经采取一切必要措施或者不可能采取此种措施的，不承担责任。

第一百二十七条　在旅客、行李运输中，经承运人证明，损失是由索赔人的过错造成或者促成的，应当根据造成或者促成此种损失的过错的程度，相应免除或者减轻承运人的责任。旅客以外的其他人就旅客死亡或者受伤提出赔偿请求时，经承运人证明，死亡或者受伤是旅客本人的过错造成或者促成的，同样应当根据造成或者促成此种损失的过错的程度，相应免除或者减轻承运人的责任。

在货物运输中，经承运人证明，损失是由索赔人或者代行权利人的过错造成或者促成的，应当根据造成或者促成此种损失的过错的程度，相应免除或者减轻承运人的责任。

第一百二十八条　国内航空运输承运人的赔偿责任限额由国务院民用航空主管部门制定，报国务院批准后公布执行。

旅客或者托运人在交运托运行李或者货物时，特别声明在目的地点交付时的利益，并在必要时支付附加费的，除承运人证明旅客或者托运人声明的金额高于托运行李或者货物在目的地点交付时的实际利益外，承运人应当在声明金额范围内承担责任；本法第一百二十九条的其他规定，除赔偿责任限额外，适用于国内航空运输。

第一百二十九条　国际航空运输承运人的赔偿责任限额按照下列规定执行：

（一）对每名旅客的赔偿责任限额为 16 600 计算单位。但是，旅客可以同承运人书面约定高于本项规定的赔偿责任限额。

（二）对托运行李或者货物的赔偿责任限额，每千克为 17 计算单位。旅客或者托运人在交运托运行李或者货物时，特别声明在目的地点交付时的利益，并在必要时支付附加费的，除承运人证明旅客或者托运人声明的金额高于托运行李或者货物在目的地点交付时的实际利益外，承运人应当在声明金额范围内承担责任。

托运行李或者货物的一部分或者托运行李、货物中的任何物件毁灭、遗失、损坏或者延误的，用以确定承运人赔偿责任限额的重量，仅为该一包件或者数包件的总重量。但是，因托运行李或者货物的一部分或者托运行李、货物中的任何物件的毁灭、遗失、损坏或者延误，影响同一份行李票或者同一份航空货运单所列其他包件的价值的，确定承运人的赔偿责任限额时，此种包件的总重量也应当考虑在内。

（三）对每名旅客随身携带的物品的责任限额为 332 计算单位。

第一百三十条　任何旨在免除本法规定的承运人责任或者降低本法规定的赔偿责任限额的条款，均属无效。但是，此种条款的无效，不影响整个航空运输合同的效力。

第一百三十一条　有关航空运输中发生的损失的诉讼，不论其根据如何，只能依照本法定的条件和赔偿责任限额提出，但是不妨碍谁有权提起诉讼以及他们各自的权利。

第一百三十二条　经证明，航空运输中的损失是由于承运人或者其受雇人、代理人的故意或者明知可能造成损失而轻率地作为或者不作为造成的，承运人无权援用本法第一百二十八条、第一百二十九条有关赔偿责任限制的规定；证明承运人的受雇人、代理人有此种作为或者不作为的，还应当证明该受雇人、代理人是在受雇、代理范围内行事。

第一百三十三条　就航空运输中的损失向承运人的受雇人、代理人提起诉讼时，该受雇人、代理人证明他是在受雇、代理范围内行事的，有权援用本法第一百二十八条、第一百二十九条有关偿责任限制的规定。

在前款规定情形下，承运人及其受雇人、代理人的赔偿总额不得超过法定的赔偿责任限额。

经证明，航空运输中的损失是由于承运人的受雇人、代理人的故意或者明知可能造成损失而轻率地作为或者不作为造成的，不适用本条第一款和第二款的规定。

第一百三十四条　旅客或者收货人收受托运行李或者货物而未提出异议，为托运行李或者货物已经完好交付并与运输凭证相符的初步证据。

托运行李或者货物发生损失的，旅客或者收货人应当在发现损失后向承运人提出异议。托运行李发生损失的，至迟应当自收到托运行李之日起七日内提出；货物发生损失的，至迟应当自收到货物之日起十四日内提出。托运行李或者货物发生延误的，至迟应当自托运行李或者货物交付旅客或者收货人处置之日起二十一日内提出。

任何异议均应当在前款规定的期间内写在运输凭证上或者另以书面提出。

除承运人有欺诈行为外，旅客或者收货人未在本条第二款规定的期间内提出异议的，不能向承运人提出索赔诉讼。

第一百三十五条　航空运输的诉讼时效期间为两年，自民用航空器到达目的地点、应当到达目的地点或者运输终止之日起计算。

第一百三十六条　由几个航空承运人办理的连续运输，接受旅客、行李或者货物每一个承运人应当受本法规定的约束，并就其根据合同办理的运输区段作为运输合同的订约一方。

对前款规定的连续运输，除合同明文约定第一承运人应当对全程运输承担责任外，旅客或者其继承人只能对发生事故或者延误的运输区段的承运人提起诉讼。

托运行李或者货物的毁灭、遗失、损坏或者延误，旅客或者托运人有权对第一承运人提起诉讼，旅客或者收货人有权对最后承运人提起诉讼，旅客、托运人和收货人均可以对发生毁灭、遗失、损坏或者延误的运输区段的承运人提起诉讼。上述承运人应当对旅客、托运人或者收货人承担连带责任。

二、《中国民用航空旅客、行李国内运输规则》

《中国民用航空旅客、行李国内运输规则》于 1996 年 2 月 28 日中国民用航空总局局务会议通过，自 1996 年 3 月 1 日起施行。该规则是为了加强对旅客、行李国内航空运输的管理，保护承运人和旅客的合法权益，维护正常的航空运输秩序而制定的。

第一章　总　则

第一条　为了加强对旅客、行李国内航空运输的管理，保护承运人和旅客的合法权益，维护正常的航空运输秩序，根据《中华人民共和国民用航空法》制定本规则。

第二条　本规则适用于以民用航空器运送旅客、行李而收取报酬的国内航空运输及经承运人同意而办理的免费国内航空运输。

本规则所称"国内航空运输"，是指根据旅客运输合同，其出发地、约定经停地和目的地均在中华人民共和国境内的航空运输。

第三条　本规则中下列用语，除具体条款中有其他要求或另有明确规定外，含义如下：

（一）"承运人"指包括填开客票的航空承运人和承运或约定承运该客票所列旅客及其行李的所有航空承运人。

（二）"销售代理人"指从事民用航空运输销售代理业的企业。

（三）"地面服务代理人"指从事民用航空运输地面服务代理业务的企业。

（四）"旅客"指经承运人同意在民用航空器上载运除机组成员以外的任何人。

（五）"团体旅客"指统一组织的人数在 10 人以上（含 10 人），航程、乘机日期和航班相同的旅客。

（六）"儿童"指年龄满两周岁但不满十二周岁的人。

（七）"婴儿"指年龄不满两周岁的人。

（八）"定座"指对旅客预定的座位、舱位等级或对行李的重量、体积的预留。

（九）"合同单位"指与承运人签订定座、购票合同的单位。

（十）"航班"指飞机按规定的航线、日期、时刻的定期飞行。

（十一）"旅客定座单"指旅客购票前必须填写的供承运人或其销售代理人据以办理定座或填开客票的业务单据。

（十二）"有效身份证件"指旅客购票和乘机时必须出示的由政府主管部门规定的证明其身份的证件。如：居民身份证. 按规定可使用的有效护照、军官证、警官证、士兵证、文职干部或离退休干部证明，16 周岁以下未成年人的学生证、户口簿等证件。

（十三）"客票"指由承运人或代表承运人所填开的被称为"客票及行李票"的凭证，包括运输合同条件、声明、通知以及乘机联和旅客联等内容。

（十四）"联程客票"指列明有两个（含）以上航班的客票。

（十五）"来回程客票"指从出发地至目的地并按原航程返回原出发地的客票。

（十六）"定期客票"指列明航班、乘机日期和定妥座位的客票。

（十七）"不定期客票"指未列明航班、乘机日期和未定妥座位的客票。

（十八）"乘机联"指客票中标明"适用于运输"的部分，表示该乘机联适用于指定的两个地点之间的运输。

（十九）"旅客联"指客票中标明 " 旅客联 " 的部分，始终由旅客持有。

（二十）"误机"指旅客未按规定时间办妥乘机手续或因旅行证件不符合规定而未能乘机。

（二十一）"漏乘"指旅客在航班始发站办理乘机手续后或在经停站过站时未搭乘上指定的航班。

（二十二）"错乘"指旅客乘坐了不是客票上列明的航班。

（二十三）"行李"指旅客在旅行中为了穿着、使用、舒适或方便的需要而携带的物品和其他个人财物。除另有规定者外，包括旅客的托运行李和自理行李。

（二十四）"托运行李"指旅客交由承运人负责照管和运输并填开行李票的行李。

（二十五）"自理行李"指经承运人同意由旅客自行负责照管的行李。

（二十六）"随身携带物品"指经承运人同意由旅客自行携带乘机的零星小件物品。

（二十七）"行李牌"指识别行李的标志和旅客领取托运行李的凭证。

（二十八）"离站时间"指航班旅客登机后，关机门的时间。

第四条　承运人的航班班期时刻应在实施前对外公布。承运人的航班班期时刻不得任意变更。但承运人为保证飞行安全、急救等特殊需要，可依照规定的程序进行调整。

第二章　定　座

第五条　旅客在定妥座位后，凭该定妥座位的客票乘机。承运人可规定航班开始和截止接受定座的时限，必要时可暂停接受某一航班的定座。不定期客票应在向承运人定妥座位后才能使用。合同单位应按合同的约定定座。

第六条 已经定妥的座位，旅客应在承运人规定或预先约定的时限内购买客票，承运人对所定座位在规定或预先约定的时限内应予以保留。承运人应按旅客已经定妥的航班和舱位等级提供座位。

第七条 旅客持有定妥座位的联程或来回程客票，如在该联程或回程地点停留72小时以上，须在联程或回程航班离站前两天中午12点以前，办理座位再证实手续，否则原定座位不予保留。如旅客到达联程或回程地点的时间离航班离站时间不超过72小时，则不需办理座位再证实手续。

第三章 客 票

第八条 客票为记名式，只限客票上所列姓名的旅客本人使用，不得转让和涂改，否则客票无效，票款不退。客票应当至少包括下列内容：

（一）承运人名称。

（二）出票人名称、时间和地点。

（三）旅客姓名。

（四）航班始发地点、经停地点和目的地点。

（五）航班号、舱位等级、日期和离站时间。

（六）票价和付款方式。

（七）票号。

（八）运输说明事项。

第九条 旅客应在客票有效期内，完成客票上列明的全部航程。旅客使用客票时，应交验有效客票，包括乘机航段的乘机联和全部未使用并保留在客票上的其他乘机联和旅客联，缺少上述任何一联，客票即为无效。国际和国内联程客票，其国内联程段的乘机联可在国内联程航段使用，不需换开成国内客票；旅客在我国境外购买的用国际客票填开的国内航空运输客票，应换开成我国国内客票后才能使用。承运人及其销售代理人不得在我国境外使用国内航空运输客票进行销售。定期客票只适用于客票上列明的乘机日期和航班。

第十条 客票的有效期为：

（一）客票自旅行开始之日起，一年内运输有效。如果客票全部未使用，则从填开客票之日起，一年内运输有效。

（二）有效期的计算，从旅行开始或填开客票之日的次日零时起至有效期满之日的次日零时为止。

第十一条 承运人及其代理人售票时应该认其负责。由于承运人的原因，造成旅客未能在客票有效期内旅行，其客票有效期将延长到承运人能够安排旅客乘机为止。

第四章 票 价

第十二条 客票价指旅客由出发地机场至目的地机场的航空运输价格，不包括机场与市区之间的地面运输费用。客票价为旅客开始乘机之日适用的原价。客票出售后，如票价调整，票款不做变动。运价表中公布的票价，适用于直达航班运输。如旅客要求经停或转乘其他航班时，应按实际航段分段相加计算票价。

第十三条 旅客应按国家规定的货币和付款方式交付票款，除承运人与旅客另有协议外，票款一律现付。

第五章　购　票

第十四条　旅客应在承运人或其销售代理人的售票处购票。旅客购票凭本人有效身份证或公安机关出具的其他身份证件，并填写《旅客定座单》。购买儿童票、婴儿票，应提供儿童、婴儿出生年月的有效证明。重病旅客购票，应持有医方单位出具的适于乘机的证明，经承运人同意后方可购票。每一旅客均应单独填开一本客票。

第十五条　革命残废军人凭《革命残废军人抚恤证》，按适用票价的80％购票。儿童按适用成人票价的50％购买儿童票，提供座位。婴儿按适用成人票价的10％购买婴儿票，不提供座位；如需要单独占用座位时，应购买儿童票。每一成人的旅客携带婴儿超过一名时，超过的人数应购儿童票。

第十六条　承运人或其销售代理人应根据旅客的要求，出售联程、来回程票。

第十七条　售票场所应设置班期时刻表、航线图、航空运价表和旅客须知等必备资料。

第六章　客票变更

第十八条　旅客购票后，如要求改变航班、日期、舱位等级，承运人及其销售代理人应根据实际可能积极办理。

第十九条　航班取消、提前、延误、航程改变或不能提供原定座位时，承运人应优先安排旅客乘坐后续航班或签转其他承运人的航班。因承运人的原因，旅客的舱位等级变更时，票款的差额多退少不补。

第二十条　旅客要求改变承运人，应征得原承运人或出票人的同意，并在新的承运航班座位允许的条件下予以签转。本规则第十九条第一款所列情况要求旅客变更承运人时，应征得旅客及被签转承运人的同意后，方可签转。

第七章　退　票

第二十一条　由于承运人或旅客原因，旅客不能在客票有效期内完成部分或全部航程，可以在客票有效期内要求退票。旅客要求退票，应凭客票或客票未使用部分的"乘机联"和"旅客联"办理。退票只限在出票地、航班始发地、终止旅行地的承运人或其销售代理人售票处办理。票款只能退给客票上列明的旅客本人或客票的付款人。

第二十二条　旅客自愿退票，除凭有效客票外，还应提供旅客本人的有效身份证件，分别按下列条款办理：

（一）旅客在航班规定离站时间24小时以内、两小时以前要求退票，收取客票价10％的退票费；在航班规定离站时间前两小时以内要求退票，收取客票价20％的退票费；在航班规定离站时间后要求退票，按误机处理。

（二）持联程、来回程客票的旅客要求退票，按本条第一款规定办理。

（三）革命残废军人要求退票，免收退票费。

（四）持婴儿客票的旅客要求退票，免收退票费。

（五）持不定期客票的旅客要求退票，应在客票的有效期内到原购票地点办理退票手续。

（六）旅客在航班的经停地自动终止旅行，该航班未使用航段的票款不退。

第二十三条　航班取消、提前、延误、航程改变或承运人不能提供原定座位时，旅客要求退票，始发站应退还全部票款，经停地应退还未使用航段的全部票款，均不收取退票费。

第二十四条　旅客因病要求退票，需提供医疗单位的证明，始发地应退还全部票款，经停地应退还未使用航段的全部票款，均不收取退票费。

患病旅客的陪伴人员要求退票，按本条第一款规定办理。

第八章　客票遗失

第二十五条　旅客遗失客票，应以书面形式向承运人或其销售代理人申请挂失。在旅客申请挂失前，客票如已被冒用或冒退，承运人不承担责任。

第二十六条　定期客票遗失，旅客应在所乘航班规定离站时间一小时前向承运人提供证明后，承运人可以补发原定航班的新客票。补开的客票不能办理退票。

第二十七条　不定期客票遗失，旅客应及时向原购票的售票地点提供证明后申请挂失，该售票点应及时通知有关承运人。经查证客票未被冒用、冒退，待客票有效期满后的30天内，办理退款手续。

第九章　团体旅客

第二十八条　团体旅客定妥座位后，应在规定或预先约定的时限内购票，否则，所定座位不予保留。

第二十九条　团体旅客购票后自愿退票，按下列规定收取退票费：

（一）团体旅客在航班规定离站时间72小时以前要求退票，收取客票价10%的退票费。

（二）团体旅客在航班规定离站时间72小时以内至规定离站时间前一天中午12点前要求退票，收取客票价30%的退票费。

（三）团体旅客在航班规定离站时间前一天中午12点以后至航班离站前要求退票，收取客票价50%的退票费。

（四）持联程、来回程客票的团体旅客要求退票，分别按本条第（一）、（二）、（三）项的规定办理。

（五）团体旅客误机，客票作废，票款不退。

第三十条　团体旅客中部分成员要求退票，按照本规则第二十九条的规定收取该部分成员的退票费。

第三十一条　团体旅客非自愿或团体旅客中部分成员因病要求变更或退票，分别按照本规则第十九条、第二十三条或第二十四条的规定办理。

第十章　乘　机

第三十二条　旅客应当在承运人规定的时限内到达机场，凭客票及本人有效身份证件按时办理客票查验、托运行李、领取登机牌等乘机手续。承运人规定的停止办理乘机手续的时间，应以适当方式告知旅客。承运人应按时开放值机柜台，按规定接受旅客出具的客票，快速、准确地办理值机手续。

第三十三条　乘机前，旅客及其行李必须经过安全检查。

第三十四条　无成人陪伴儿童、病残旅客、孕妇、盲人、聋人或犯人等特殊旅客，只有在符合承运人规定的条件下经承运人预先同意并在必要时做出安排后方予载运。传染病患者、精神病患者或健康情况可能危及自身或影响其他旅客安全的旅客，承运人不予承运。根据国家有关规定不能乘机的旅客，承运人有权拒绝其乘机，已购客票按自愿退票处理。

第三十五条　旅客误机按下列规定处理：

（一）旅客如发生误机，应到乘机机场或原购票地点办理改乘航班、退票手续。

（二）旅客误机后，如要求改乘后续航班，在后续航班有空余座位的情况下，承运人应积极予以安排，不收误机费。

（三）旅客误机后，如要求退票，承运人可以收取适当的误机费。

旅客漏乘按下列规定处理：

（一）由于旅客原因发生漏乘，旅客要求退票，按本条第一款的有关规定办理。

（二）由于承运人原因旅客漏乘，承运人应尽早安排旅客乘坐后续航班成行。如旅客要求退票，按本规则第二十三条规定办理。

旅客错乘按下列规定处理：

（一）旅客错乘飞机，承运人应安排错乘旅客搭乘最早的航班飞往旅客客票上的目的地，票款不补不退。

（二）由于承运人原因旅客错乘，承运人应尽早安排旅客乘坐后续航班成行。如旅客要求退票，按本规则第二十三条规定办理。

第十一章　行李运输

第三十六条　承运人承运的行李，只限于符合本规则第三条、第二十三条定义范围内的物品。承运人承运的行李，按照运输责任分为托运行李、自理行李和随身携带物品。重要文件和资料、外交信袋、证券、货币、汇票、贵重物品、易碎易腐物品，以及其他需要专人照管的物品，不得夹入行李内托运。承运人对托运行李内夹带上述物品的遗失或损坏按一般托运行李承担赔偿责任。国家规定的禁运物品、限制运输物品、危险物品，以及具有异味或容易污损飞机的其他物品，不能作为行李或夹入行李内托运。承运人在收运行李前或在运输过程中，发现行李中装有不得作为行李或夹入行李内运输的任何物品，可以拒绝收运或随时终止运输。旅客不得携带管制刀具乘机，管制刀具以外的利器或钝器应随托运行李托运，不能随身携带。

第三十七条　托运行李必须包装完善、锁扣完好、捆扎牢固，能承受一定的压力，能够在正常的操作条件下安全装卸和运输，并应符合下列条件，否则，承运人可以拒绝收运：

（一）旅行箱、旅行袋和手提包等必须加锁。

（二）两件以上的包件，不能捆为一件。

（三）行李上不能附插其他物品。

（四）竹篮、网兜、草绳、草袋不能作为行李的外包装物。

（五）行李上应写明旅客的姓名、详细地址、电话号码。托运行李的重量每件不能超过 50 千克，体积不能超过 40 厘米 ×60 厘米 ×100 厘米，超过上述规定的行李，须事先征得承运人的同意才能托运。自理行李的重量不能超过 10 千克，体积每件不超过 20 厘米 ×40 厘米 ×55 厘米。随身携带物品的重量，每位旅客以 5 千克为限。持头等舱客票的旅客，每人可随身携带两件物品；持公务舱或经济舱客票的旅客，每人只能随身携带一件物品。每件随身携带物品的体积均不得超过 20 厘米 ×40 厘米 ×55 厘米。超过上述重量、件数或体积限制的随身携带物品，应作为托运行李托运。

第三十八条　每位旅客的免费行李额（包括托运和自理行李）；持成人或儿童票的头等舱旅客为 40 千克，公务舱旅客为 30 千克，经济舱旅客为 20 千克。持婴儿票的旅客，无免费行李额。搭乘同一航班前往同一目的地两个以上的同行旅客，如在同一时间、同一地点办理行李托运手续，其免费行李额可以按照各自的客票价等级标准合并计算。构成国际运输的国内航段，每位旅客的免费行李额按适用的国际航线免费行李额计算。

第三十九条　旅客必须凭有效客票托运行李。承运人应在客票及行李票上注明托运行李的件数和重量。承运人一般应在航班离站当日办理乘机手续时收运行李；如团体旅客的行李过多，或因其他原因需要提前托运时，可与旅客约定时间、地点收运。承运人对旅客托运的每件行李应拴挂行李牌，并将其中的识别联交给旅客。经承运人同意的自理行李应与托运行李合并计重后，交由旅客带入客舱自行照管，并在行李上拴挂自理行李牌。不属于行李的物品应按货物托运，不能作为行李托运。

第四十条　旅客的逾重行李在其所乘飞机载量允许的情况下，应与旅客同机运送。旅客应对逾重行李付逾重行李费，逾重行李费率以每千克按经济舱票价的 1.5％计算，金额以元为单位。

第四十一条　承运人为了运输安全，可以会同旅客对其行李进行检查；必要时，可会同有关部门进行检查。如果旅客拒绝接受检查，承运人对该行李有权拒绝运输。

第四十二条　旅客的托运行李，应与旅客同机运送，特殊情况下不能同机运送时，承运人应向旅客说明，并优先安排在后续的航班上运送。

第四十三条　旅客的托运行李，每千克价值超过人民币 50 元时，可办理行李的声明价值。承运人应按旅客声明的价值中超过本条第一项规定限额部分的价值的 5‰收取声明价值附加费，金额以元为单位。托运行李的声明价值不能超过行李本身的实际价值。每一旅客的行李声明最高限额为人民币 8 000 元。如承运人对声明价值有异议而旅客又拒绝接受检查时，承运人有权拒绝收运。

第四十四条　小动物是指家庭饲养的猫、狗或其他小动物。小动物运输，应按下列规定办理。

旅客必须在定座或购票时提出，并提供动物检疫证明，经承运人同意后方可托运。旅客应在乘机的当日，按承运人指定的时间，将小动物自行运到机场办理托运手续。装运小动物的容器应符合下列要求：

（一）能防止小动物破坏、逃逸和伸出容器以外损伤旅客、行李或货物。

（二）保证空气流通，不致使小动物窒息。

（三）能防止粪便渗溢，以免污染飞机、机上设备及其他物品。旅客携带的小动物，除经承运人特许外，一律不能放在客舱内运输。小动物及其容器的重量应按逾重行李费的标准单独收费。

第四十五条　外交信袋应当由外交信使随身携带，自行照管。根据外交信使的要求，承运人也可以按照托运行李办理，但承运人只承担一般托运行李的责任。

外交信使携带的外交信袋和行李，可以合并计重或计件，超过免费行李额部分，按照逾重行李的规定办理。外交信袋运输需要占用座位时，必须在定座时提出，并经承运人同意。外交信袋占用每一座位的重量限额不得超过 75 千克，每件体积和重量的限制与行李相同。占用座位的外交信袋没有免费行李额，运费按下列两种办法计算，取其高者：

（一）根据占用座位的外交信贷实际重量，按照逾重行李费率计算运费。

（二）根据占用座位的外交信袋占用的座数，按照运输起讫地点之间，与该外交信使所持客票票价级别相同的票价计算运费。

第四十六条　旅客的托运行李、自理行李和随身携带物品中，凡夹带国家规定的禁运物品、限制携带物品或危险物品等，其整件行李称为违章行李。对违章行李的处理规定如下：

（一）在始发地发现违章行李，应拒绝收运；如已承运，应取消运输，或将违章夹带物品取出后运输，已收逾重行李费不退。

（二）在经停地发现违章行李，应立即停运，已收逾重行李费不退。

（三）对违章行李中夹带的国家规定的禁运物品、限制携带物品或危险物品，交有关部门处理。

第四十七条　由于承运人的原因，需要安排旅客改乘其他航班，行李运输应随旅客作相应的变更，已收逾重行李费多退少不补；已交付的声明价值附加费不退。行李的退运按如下规定办理：

（一）旅客在始发地要求退运行李，必须在行李装机前提出。如旅客退票，已托运的行李也必须同时退运。以上退运，均应退还已收逾重行李费。

（二）旅客在经停地退运行李，该航班未使用航段的已收逾重行李费不退。

（三）办理声明价值的行李退运时，在始发地退还已交付的声明价值附加费，在经停地不退已交付的声明价值附加费。

第四十八条　旅客应在航班到达后立即在机场凭行李牌的识别联领取行李。必要时，应交验客票。承运人凭行李牌的识别联交付行李，对于领取行李的人是否确系旅客本人，以及由此造成的损失及费用，不承担责任。旅客行李延误到达后，承运人应立即通知旅客领取，也可直接送达旅客。旅客在领取行李时，如果没有提出异议，即为托运行李已经完好交付。旅客遗失行李牌的识别联，应立即向承运人挂失，旅客如要求领取行李，应向承运人提供足够的证明，并在领取行李时出具收据。如在声明挂失前行李已被冒领，承运人不承担责任。

第四十九条　无法交付的行李，自行李到达的次日起，超过90天仍无人领取，承运人可按照无法交付行李的有关规定处理。

第五十条　行李运输发生延误、丢失或损失，该航班经停地或目的地的承运人或其代理人应会同旅客填写《行李运输事故记录》，尽快查明情况和原因，并将调查结果答复旅客和有关单位。如发生行李赔偿，在经停地或目的地办理。因承运人原因使旅客的托运行李未能与旅客同机到达，造成旅客旅途生活的不便，在经停地或目的地应给予旅客适当的临时生活用品补偿费。

第五十一条　旅客的托运行李全部或部分损坏、丢失，赔偿金额每千克不超过人民币50元。如行李的价值每千克低于50元时，按实际价值赔偿，已收逾重行李费退还。旅客丢失行李的重量按实际托运行李的重量计算，无法确定重量时，每一旅客的丢失行李最多只能按该旅客享受的免费行李额赔偿。旅客的丢失行李如已办理行李声明价值，应按声明的价值赔偿，声明价值附加费不退。行李的声明价值高于实际价值时，应按实际价值赔偿。行李损坏时，按照行李降低的价值赔偿或负担修理费用。由于发生在上、下航空器期间或航空器上的事件造成旅客的自理行李和随身携带物品灭失，承运人承担的最高赔偿金额每位旅客不超过人民币2 000元。构成国际运输的国内航段，行李赔偿按适用的国际运输行李赔偿规定办理。已赔偿的旅客丢失行李找到后，承运人应迅速通知旅客领取，旅客应将自己的行李领回，退回全部赔款。临时生活用品补偿费不退。发现旅客有明显的欺诈行为，承运人有权追回全部赔款。

第五十二条　旅客的托运行李丢失或损坏，应按法定时限向承运人或其代理人提出赔偿要求，并随附客票（或影印件）、行李牌的识别联、《行李运输事故记录》、证明行内容和价格的凭证以及其他有关的证明。

第十二章 旅客服务

第一节 一般服务

第五十三条 承运人应当以保证飞行安全和航班正常，提供良好服务为准则，以文明礼貌、热情周到的服务态度，认真做好空中和地面的旅客运输的各项服务工作。

第五十四条 从事航空运输旅客服务的人员应当经过相应的培训，取得上岗合格证书。未取得上岗合格证书的人员不得从事航空运输旅客服务工作。

第五十五条 在航空运输过程中，旅客发生疾病时，承运人应积极采取措施，尽力救护。

第五十六条 空中飞行过程中，承运人应根据飞行时间向旅客提供饮料和餐食。

第二节 不正常航班的服务

第五十七条 由于机务维护、航班调配、商务、机组等原因，造成航班在始发地延误或取消，承运人应当向旅客提供餐食或住宿等服务。

第五十八条 由于天气、突发事件、空中交通管制、安检以及旅客等非承运人原因，造成航班在始发地延误或取消，承运人应协助旅客安排餐食和住宿，费用可由旅客自理。

第五十九条 航班在经停地延误或取消，无论何种原因，承运人均应负责向经停旅客提供膳宿服务。

第六十条 航班延误或取消时，承运人应迅速及时将航班延误或取消等信息通知旅客，做好解决工作。

第六十一条 承运人和其他各保障部门应相互配合，各司其职，认真负责，共同保障航班正常，避免不必要的航班延误。

第六十二条 航班延误或取消时，承运人应根据旅客的要求，按本规则第十九条、第二十三条的规定认真做好后续航班安排或退票工作。

第六十三条 本规则自1996年3月1日起施行。中国民用航空局1985年1月1日制定施行的《旅客、行李国内运输规则》同时废止。

任务实训

熟悉相关法律法规条例。

知识链接

2019民航行业发展统计公报

项目二 民航基础知识

任务一 | 中国民航发展概况

任务描述

航空服务专业高一年级将开展"民航发展知多少"的主题班会，作为高一新生，你对民航的发展历史了解多少呢？

任务要求

简述民用航空发展历史。

任务探究

中国民航的发展，从无到有，由小到大，由弱到强，经历了不平凡的发展历程。以新中国的成立为转折点，开启了民航业发展的新篇章。

一、新中国成立前民用航空的发展概况

1909年9月21日，中国最早的飞机设计师和飞行员冯如，在美国加州奥克兰市派得蒙特山附近的空地上，成功地试飞了自己设计制造的飞机，虽然飞行距离只有804米，飞行高度也只有5米，但这是中国人第一次实现了飞上天空的梦想。

1910年，清政府向法国买进一架"法曼"双翼机，这是我国拥有的第一架飞机。同时在北京南苑毅军操场建立了中国最早的飞机场和飞机修理厂，这也是我国首座机场。

1919年，北洋政府设立航空事宜处，购置商用飞机，并开辟了我国最早的民航航线——京沪航线的北京至天津段的开通。

1929年，中美合资组建了中国航空公司，1930年，中德合资筹组欧亚航空公司，并于1942年改组成中央航空公司。1937年7月7日，日本侵略军进攻卢沟桥（"七七事变"）中国航空公司上海飞往北平的航线被迫停飞。抗日战争时期，中国的民航事业受到了严重的破坏。

1941年12月8日，日军飞机轰炸了香港启德机场，中国航空公司设在启德机场的航空基地及5架飞机和欧亚航空公司的多架飞机同时被炸毁。

1945年8月15日，日本正式接受《波茨坦公告》，宣布无条件投降。抗日战争取得最后胜利，中国航空公司、中央航空公司把总公司陆续迁回上海，并立即投入紧张的"复员运输"。为中国的抗日战争胜利作出了重要贡献。

二、新中国民用航空业的发展

新中国民航迎着共和国的朝阳起飞，从无到有，由弱到强，经历了不平凡的发展历程。1949年11月2日，新中国民用航空局成立，揭开了我国民航事业发展的新篇章。

特别是党的十一届三中全会以来，我国民航事业无论在航空运输、通用航空、机群更新、机场建设、航线布局、航行保障、飞行安全、人才培训等方面都持续快速发展，取得了举世瞩目的成就。

（一）初创阶段（1949 年 –1978 年）

1949 年 11 月 2 日，中共中央政治局会议决定，在人民革命军事委员会下设民用航空局，受空军指导。11 月 9 日，中国航空公司、中央航空公司总经理刘敬宜、陈卓林率两公司在香港的员工光荣起义，并率领 12 架飞机回到北京、天津，为新中国民航建设提供了一定的物质和技术力量。

1950 年，新中国民航初创时，仅有 30 多架小型飞机，年旅客运输量仅 1 万人，运输总周转量仅 157 万吨公里。

1958 年 2 月 27 日，国务院通知：中国民用航空局自本日起划归交通部领导。

1958 年 3 月 19 日，国务院通知：全国人大常委会第 95 次会议批准国务院将中国民用航空局改为交通部的部属局。

1959 年，中国民航购买了伊尔—18 型飞机，标志着从使用活塞式螺旋桨飞机，开始过渡到使用涡轮螺旋桨飞机。1963 年，中国民航又购买了英国的子爵号飞机，从而结束了长期以来只使用苏制飞机的状况。1965 年末，中国民航拥有各类飞机 355 架。

1960 年 11 月 17 日，经国务院编制委员会讨论原则通过，决定中国民用航空局改称"交通部民用航空总局"。为部属一级管理全国民用航空事业的综合性总局，负责经营管理运输航空和专业航空，直接领导地区民用航空管理局的工作。

1961 年开始，民航系统认真贯彻执行中央"调整、巩固、充实、提高"的方针，使民航事业重新走上正轨，并取得较大的发展。

1962 年 4 月 13 日，第二届全国人民代表大会常务委员会第五十三次会议决定民航局名称改为"中国民用航空总局"。4 月 15 日，中央决定将民用航空总局由交通部属改为国务院直属局，其业务工作、党政工作、干部人事工作等均直归空军负责管理。

1965 年，国内航线增加到 46 条，国内航线布局重点，也从东南沿海及腹地转向西南和西北的边远地区，新建和改建了南宁、昆明、贵阳等机场，并相应改善了飞行条件和服务设施，特别是完成了上海虹桥机场和广州白云机场的扩建工程。通用航空的在这个时期稳中向好。

1971 年 9 月后，中国民航在周总理的关怀下，将工作重点放在开辟远程国际航线上。1971 年，中国民航从苏联购买了 5 架伊尔—62 飞机，1973 年又从美国购买了 10 架波音—707 型飞机，此外，还从英国购买了三叉戟客机和从苏联购买了安—24 型客机。

1976 年底，中国民航的国际航线已发展到 8 条，通航里程达到 41 000 公里，占通航里程总数的 41%，国内航线增加到 123 条。

1978 年，航空旅客运输量为 231 万人，运输总周转量 3 亿吨公里。

（二）成长阶段（1978~1990 年）

20 世纪 80 年代，中国民航业以大量引进欧美先进飞机为主要特点，高起点推动民航业的发展。1980 年 4 月 1 日，中国民航局决定，航班编号由三位升为四位，从美国订购的波音 747SP 型飞机加入航班飞行。1984 年 9 月，民航班机通达全国所有省城。从 1985 年 8 月开始中国向欧洲、美国订购的现代化大型客机陆续加入航班飞行，一批国产运输机也投入运营，从而使中国民航运力、技术结构发生了重大变化，为 20 世纪 90 年代民航业的飞速发展奠定了物质技术基础。同时，机场建设规模也进一步扩大，民航运输量逐步增长，中国民航事业进入了持续快速发展的新阶段。

1980 年全民航只有 140 架运输飞机，且多数是 20 世纪 50 年代或 40 年代生产制造的苏式伊尔 14、里二型飞机，载客量仅 20 多人或 40 人，载客量 100 人以上的中大型飞机只有 17 架；机场只有 79 个。1980 年，我国民航全年旅客运输量仅 343 万人；全年运输总周转量 4.29 亿吨公里，居新加坡、印度、菲律宾、印尼等国之后，列世界民航第 35 位。

这一阶段，中国民航的航空运输网络逐渐完善，到 1990 年底，中国民用航空航线达到 437 条，其中国际航线 44 条，地区航线 8 条，连接世界 24 个国家的 97 个城市，中国的航空运输网络初步形成。

（三）起飞阶段（1991~2004 年）

进入 20 世纪 90 年代后，民航业改革进一步深化，对外开放有了新的进展，中国民航客货运输和各项基础设施建设都获得了飞速发展。

（1）民航运输规模迅速增长，民航业国际地位大大提高。

这一阶段，中国民航运输总周转量、旅客运输量和货物运输量年均增长率分别达到 18%、16% 和 16%，高出世界平均水平 2 倍多，通用航空的业务年均增长也在 10% 以上。2004 年，民航行业完成运输总周转量 230 亿吨千米、旅客运输量 1.2 亿人次，上升到世界第三位。

（2）飞机、机场、配套设施建设成就显著。

民航机队规模不断扩大，截止到 2004 年底，中国民航拥有各类运输飞机 754 架，其中大中型飞机 680 架，均为世界上最先进的飞机。中国民航的整体实力和国际地位显著提升。2004 年 10 月 2 日，在国际民航组织第 35 届大会上，中国首次以高票当选该组织一类理事国。

（3）航线网络迅速扩展。

到 2004 年年底，中国 28 家航空公司，经营着定期航班航线 1 200 条，其中国内航线（包括香港、澳门航线）975 条，国际航线 225 条，境内民航定期航班通航机场 133 个（不含香港、澳门），形成了以北京、上海、广州机场为中心，以省会城市、旅游城市机场为枢纽，其他城市机场为支干，联结国内 127 个城市，联结 38 个国家 80 个城市的航空运输网络。

（四）高速发展阶段（2005~ 至今）

2004 年，民营资本开始进入航空市场。2004 年 12 月和 2005 年 4 月，中国民航总局颁布了《公共航空运输企业经营许可规定》和《国内投资民用航空业规定（试行）》两部民航规章，规定放宽了民航业的投资准及投资范围，激发了民营资本投资民航业的热情，民营航空公司如雨后春笋般不断涌现。从 2004 年到 2005 年年底的两年间，中国共注册了 14 家民营航空公司，促使中国民航事业又跃上一个新台阶。

从 2005 年到 2008 年，中国民航业持续快速增长。截至 2008 年年底，中国共拥有民用运输机 1 259 架，比 2004 年净增 505 架，相当于 1995~2004 年 10 年间的飞机净增数量。截至 2008 年年底，中国具有独立法人资格的运输航空公司 41 家，开辟的定期航线总数 1 532 条，其中，国内航线 1 235 条（至香港、澳门航线 49 条），通航全国内地 150 个城市；

国际航线 297 条，通航 46 个国家的 104 个城市，形成了国内四通八达、国际联结世界主要国家和地区的航空运输网络。

2013 年，民用航空定期航班通航机场有 190 个，通航城市达 188 个。

2017 年，我国有航空公司 58 家，定期航班航线 4 418 条，颁证运输机场 229 座，运输飞机 3 296 架，民航行业完成运输总周转量 1 083.08 亿吨公里、旅客运输量 9 513.04 亿人公里。

2019 年，我国有航空公司 62 家，定期航班航线 5 521 条，颁证运输机场 238 座，运输飞机 3 818 架，民航行业完成运输总周转量 11 293.25 亿吨公里、旅客运输量 11 705.30 亿人公里。

2020 年，我国有航空公司 64 家，定期航班航线 5 581 条，运输飞机 3 904 架，民航行业完成运输总周转量 798.51 亿吨公里、完成旅客运输量 41 777.82 万人次。2020 年，全行业全年新开工、续建机场项目 114 个。2020 年，民航安全运行平稳可控，运输航空百万架次，重大事故率十年滚动值为 0，亿客公里死亡人数十年滚动值为 0。民航实现 18 年空防安全零责任事故记录。

新中国民航发展历程证明：发展是硬道理。不断深化改革，扩大开放，是加快民航发展的必由之路。展望未来，民航作为一个整体系统在结构上和运营上要继续适应全球一体化的要求，不断地改进和发展，继续降低价格，保证旅客的舒适安全，拓展更丰富的特色服务，减少各种限制，保护环境，民航将迎来一个更加繁荣昌盛的阶段。

任务实训

收集民航业发展过程中具有突出贡献者的故事。

知识链接

民用航空业的萌芽

人类真正飞上蓝天开始于 1783 年法国的蒙特哥尔非（Montgolfier）兄弟制造的热气球载人升空，随后德国人又用气球运送邮件和乘客，这可以说是民用航空的开始。1903 年 12 月 17 日，美国的莱特兄弟发明了飞机，在美国北卡罗来纳州驾驶"飞行者一号"进行试飞并获得成功，人类第一次可操纵的动力飞机可以进行持续飞行，从此，航空新纪元开始了。1909 年，法国人布莱里奥成功地飞越了英吉利海峡，开创了历史上第一次国际航行。1919 年初，德国首先开始了国内民航运输，同年 8 月，英国和法国开通了定期的空中客运，民用航空的历史正式揭开。从 1919 年到 1939 年的 20 年，是民用航空初创并发展的年代，民用航空迅速从欧洲发展到北美，然后普及到亚、非、拉美各洲，迅速扩展到全球各地，中国也在 1920 年开始建立了第一条航线。

任务二｜国内机场及航空公司

任务描述

第一次乘坐飞机的小李，在工作人员的指引下，办理好乘机手续，看着登机牌上的大写英文字母心生疑惑，你能帮助小李解释登机牌上不同英文字母的含义吗？

任务要求

1. 了解国内主要城市机场三字代码。
2. 熟记省会城市机场三字代码。
3. 熟记国内主要航空公司二字代码。

任务探究

机场名称代码简称"三字代码"，航空公司编码简称"二字代码"，均是由国际航空运输协会（IATA ,International Air Transport Association）制定。国际航空运输协会（IATA）对世界上的国家、城市、机场、加入国际航空运输协会的航空公司制定了统一的编码。在空运中以三个英文字母简写航空机场名，称"机场三字代码"或"三字代码"；以两个英文字母简写航空公司名，称"航空公司二字码"或"二字代码"，每个航空公司都有单独的编号，如果字母出现不够用的情况也会用数字代替。

一、国内主要城市、机场代码

国内主要城市、机场代码

省份	城市	机场名称	三字代码
北京	北京	首都国际机场	PEK
	北京	大兴国际机场	PKX
天津	天津	滨海国际机场	TSN
上海	上海	浦东国际机场	PVG
	上海	虹桥国际机场	SHA
重庆	重庆	江北国际机场	CKG
	重庆	巫山机场	WSK
	黔江	武陵山机场	JIQ
	万州	五桥机场	WXN
黑龙江	哈尔滨	太平国际机场	HRB
	齐齐哈尔	三家子机场	NDG
	大庆	萨尔图机场	DQA
	五大连池	德都机场	DTU
	抚远	抚远机场	FYJ
	黑河	黑河机场	HEK

续表

省份	城市	机场名称	三字代码
黑龙江	加格达奇	加格达奇机场	JGD
	佳木斯	东郊机场	JMU
	建三江	湿地机场	JSJ
	鸡西	兴凯湖机场	JXA
	伊春	林都机场	LDS
	牡丹江	海浪机场	MDG
	漠河	漠河机场	OHE
吉林	长春	龙嘉国际机场	CGQ
	丹东	浪头国际机场	DDG
	松原	查干湖机场	YSQ
	通化	三源浦机场	TNH
	延吉	朝阳川机场	YNJ
	白山	长白山机场	NBS
辽宁	沈阳	桃仙国际机场	SHE
	大连	周水子国际机场	DLC
	鞍山	腾鳌机场	AOG
	朝阳	朝阳机场	CHG
	丹东	浪头机场	DDG
	锦州	锦州机场	JNZ
	营口	兰旗机场	YKH
内蒙古	呼和浩特	白塔国际机场	HET
	赤峰	玉龙机场	CIF
	鄂尔多斯	伊金霍洛机场	DSN
	额济纳旗	桃来机场	EJN
	二连浩特	赛乌苏国际机场	ERL
	阿尔山	伊尔施机场	YIE
	霍林郭勒	霍林河机场	HUO
	呼伦贝尔	海拉尔机场	HLD
	满洲里	西郊机场	NZH
	包头	东河机场	BAV
	通辽	通辽机场	TGO
	乌兰察布	集宁机场	UCB
	乌海	乌海机场	WUA
	乌兰浩特	乌兰浩特机场	HLH
	锡林浩特	锡林浩特机场	XIL
	巴彦淖尔	天吉泰机场	RLK
	扎兰屯	成吉思汗机场	NZL

续表

省份	城市	机场名称	三字代码
河北	石家庄	正定国际机场	SJW
	承德	普宁机场	CDE
	秦皇岛	北戴河国际机场	BPE
	邯郸	邯郸机场	HDG
	唐山	三女河机场	TVS
	张家口	张家口机场	ZQZ
河南	郑州	新郑国际机场	CGO
	洛阳	北郊机场	LYA
	南阳	姜营机场	NNY
	信阳	明港机场	XAI
山东	济南	遥墙国际机场	TNA
	青岛	流亭国际机场	TAO
	威海	大水泊国际机场	WEH
	东营	胜利机场	DOY
	济宁	曲阜机场	JNG
	临沂	启阳机场	LYI
	日照	山字河机场	RIZ
	潍坊	潍坊机场	WEF
	烟台	蓬莱机场	YNT
山西	太原	武宿国际机场	TYN
	忻州	五台山机场	WUT
	运城	张孝机场	YCU
	长治	王村机场	CIH
	大同	云冈机场	DAT
	临汾	尧都机场	LFQ
	吕梁	吕梁机场	LLV
安徽	合肥	新桥国际机场	HFE
	安庆	天柱山机场	AQG
	蚌埠	蚌埠机场	BFU
	阜阳	西关机场	FUG
	池州	九华山机场	JUH
	黄山	屯溪机场	TXN
江苏	南京	禄口国际机场	NKG
	常州	奔牛国际机场	CZX
	连云港	白塔埠国际机场	LYG
	南通	兴东国际机场	NTG

续表

省份	城市	机场名称	三字代码
江苏	无锡	苏南硕放国际机场	WUX
	徐州	观音国际机场	XUZ
	淮安	涟水机场	HIA
	扬州	泰州机场	YTY
	盐城	南洋机场	YNZ
江西	南昌	昌北国际机场	KHN
	井冈山	井冈山机场	JGS
	赣州	黄金机场	KOW
	景德镇	罗家机场	JDZ
	九江	庐山机场	JIU
	上饶	三清山机场	SQD
	宜春	明月山机场	YIC
浙江	杭州	萧山国际机场	HGH
	台州	路桥国际机场	HYN
	宁波	栎社国际机场	NGB
	温州	龙湾国际机场	WNZ
	衢州	衢州机场	JUZ
	义乌	义乌机场	YIW
	舟山	普陀山机场	HSN
福建	福州	长乐国际机场	FOC
	厦门	高崎国际机场	XMN
	泉州	晋江国际机场	JJN
	连城	龙岩冠豸山机场	LCX
	三明	沙县机场	SQJ
	武夷山	武夷山机场	WUS
湖北	武汉	天河国际机场	WUH
	恩施	许家坪机场	ENH
	神农架	红坪机场	HPG
	十堰	武当山机场	WDS
	襄阳	刘集机场	XFN
	荆州	沙市机场	SHS
	宜昌	三峡机场	YIH
湖南	长沙	黄花国际机场	CSX
	张家界	荷花国际机场	DYG
	常德	桃花源机场	CGD
	怀化	芷江机场	HJJ

续表

省份	城市	机场名称	三字代码
湖南	衡阳	南岳机场	HNY
	永州	零陵机场	LLF
	邵阳	武冈机场	WGN
	岳阳	岳阳机场	YYA
四川	成都	双流国际机场	CTU
	成都	天府国际机场	TFU
	巴中	恩阳机场	BZX
	稻城	亚丁机场	DCY
	达州	河市机场	DAX
	广汉	广汉机场	GHN
	广元	盘龙机场	GYS
	甘孜	格萨尔机场	GZG
	阿坝	红原机场	AHJ
	九寨	黄龙机场	JZH
	康定	康定机场	KGT
	泸州	泸州机场	LZO
	绵阳	南郊机场	MIG
	南充	高坪机场	NAO
	西昌	青山机场	XIC
	宜宾	五粮液机场	YBP
	攀枝花	保安营机场	PZI
广东	广州	白云国际机场	CAN
	深圳	宝安国际机场	SZX
	珠海	金湾国际机场	ZUH
	惠州	平潭机场	HUZ
	梅州	梅县机场	MXZ
	揭阳	潮汕机场	SWA
	湛江	湛江机场	ZHA
广西	南宁	吴圩国际机场	NNG
	桂林	两江国际机场	KWL
	北海	福成机场	BHY
	百色	巴马机场	AEB
	河池	金城江机场	HCJ
	梧州	西江机场	WUZ
	玉林	福绵机场	YLX
	柳州	白莲机场	LZH

续表

省份	城市	机场名称	三字代码
海南	海口	美兰国际机场	HAK
	琼海	琼海机场	BAR
	三亚	凤凰国际机场	SYX
陕西	西安	咸阳国际机场	XIY
	安康	富强机场	AKA
	汉中	汉中机场	HZG
	延安	南泥湾机场	ENY
	榆林	榆阳机场	UYN
甘肃	兰州	中川国际机场	LHW
	敦煌	莫高国际机场	DNH
	金昌	金川机场	JIC
	嘉峪关	嘉峪关机场	JGN
	陇南	成县机场	LNL
	庆阳	庆阳机场	IQN
	天水市	天水机场	THQ
	甘南	夏河机场	GXH
	张掖	甘州机场	YZY
贵州	贵阳	龙洞堡国际机场	KWE
	安顺	黄果树机场	AVA
	毕节	飞雄机场	BFJ
	凯里	黄平机场	KJH
	荔波	荔波机场	LLB
	遵义	茅台机场	WMT
	遵义	新舟机场	ZYI
	黎平	黎平机场	HZH
	六盘水	月照机场	LPF
	铜仁	凤凰机场	TEN
	兴义	兴义机场	ACX
宁夏	银川	河东国际机场	INC
	固原	六盘山机场	GYU
	中卫	沙坡头机场	ZHY
青海	西宁	曹家堡机场	XNN
	格尔木	格尔木机场	GOQ
	玉树	巴塘机场	YUS
云南	昆明	长水国际机场	KMG
	丽江	三义国际机场	LJG

续表

省份	城市	机场名称	三字代码
云南	西双版纳	嘎洒国际机场	JHG
	大理	大理机场	DLU
	保山	云瑞机场	BSD
	沧源	佤山机场	CWJ
	迪庆	香格里拉机场	DIG
	澜沧	景迈机场	JMJ
	临沧	临沧机场	LNJ
	德宏	芒市机场	LUM
	宁蒗	泸沽湖机场	NLH
	普洱	思茅机场	SYM
	腾冲	驼峰机场	TCZ
	文山	砚山机场	WNH
	昭通	昭通机场	ZAT
西藏	拉萨	贡嘎机场	LXA
	阿里	昆莎机场	NGQ
	昌都	邦达机场	BPX
	林芝	米林机场	LZY
	日喀则	和平机场	RKZ
新疆	乌鲁木齐	地窝堡国际机场	URC
	阿克苏	阿克苏机场	AKU
	阿勒泰	阿勒泰机场	AAT
	博乐	博乐机场	BPL
	且末	且末机场	IQM
	富蕴	可可托海机场	FYN
	哈密	哈密机场	HMI
	石河子	花园机场	SHF
	库车	龟兹机场	KCA
	库尔勒	梨城机场	KRL
	克拉玛依	克拉玛依机场	KRY
	布尔津	喀纳斯机场	KJI
	新源	那拉提机场	NLT
	莎车	莎车机场	QSZ
	喀什	喀什国际机场	KHG
	塔城	塔城机场	TCG
	吐鲁番	交河机场	TLQ
	和田	和田机场	HTN

续表

省份	城市	机场名称	三字代码
新疆	图木舒克	唐王城机场	TWC
	伊宁	伊宁机场	YIN
	于田	万方机场	YTW

二、国内主要航空公司及代码

航空公司名字	代码	公司标志
中国国际航空股份有限公司	CA	
首都航空有限公司	JD	
中国东方航空股份有限公司	MU	
中国南方航空股份有限公司	CZ	
中国西南航空公司	SZ	
中国西北航空公司	WH	
中国北方航空公司	CJ	
西部航空公司	PN	
新疆航空公司	XO	
云南航空公司	3Q	
昆明航空公司	KY	
海南航空公司	HU	
厦门航空公司	MF	

续表

航空公司名字	代码	公司标志
四川航空公司	3U	
成都航空公司	EU	
上海航空公司	FM	
重庆航空公司	OQ	
西藏航空公司	TV	
天津航空公司	GS	
深圳航空公司	ZH	
武汉航空公司	WU	
山东航空公司	SC	
中原航空公司	Z2	
长城航空公司	G8	
长安航空公司	2Z	
幸福航空公司	JR	
鲲鹏航空公司（河南航空）	VD	
河北航空公司（原东北航空公司）	NS	
华夏航空公司	G5	

续表

航空公司名字	代码	公司标志
春秋航空公司	9C	
吉祥航空公司	HO	
祥鹏航空公司	8L	
奥凯航空公司	OK	

任务实训

1. 识记国内省会及主要城市机场三字代码。
2. 识记国内主要航空公司二字代码。

知识链接

中国国际航空股份有限公司（AIR CHINA），简称"国航"，于1988年在北京正式成立，是中国唯一载国旗飞行的民用航空公司。

国航的企业标识由一只艺术化的凤凰和中国改革开放的总设计师邓小平同志书写的"中国国际航空公司"以及英文"AIR CHINA"构成。国航标志是凤凰，同时又是英文"VIP"（尊贵客人）的艺术变形，颜色为中国传统的大红，具有吉祥、圆满、祥和、幸福的寓意，寄寓着国航人服务社会的真挚情怀和对安全事业的永恒追求。

项目三　旅客地面服务

任务一｜候机楼服务

任务描述

五一"黄金周"期间，机场人流量剧增，王阿姨要乘坐飞机去上海看望儿子。这是王阿姨第一次乘机，她不知道什么时候登机，在哪里登机，于是她小心翼翼地来到了问询台，请问问询服务人员应怎样服务才能很好地解决王阿姨的困惑，给她完美的旅程呢？

任务目标

1. 能列举出候机楼服务的分类。
2. 能够按照工作流程完成问询服务。
3. 能够规范地进行广播通知。

任务探究

候机楼是机场内供旅客转换地面交通与空中交通的设施，也叫航站楼、客运大楼。在候机楼中，地面工作人员将提供问询、广播、商业零售等服务。

一、问询服务

机场设有问询柜台，旅客可以通过问询得到航班信息、机场交通、候机楼设施使用方法等信息。

1. 问询服务的分类

（1）根据不同服务提供方：航空公司问询、机场问询和联合问询。

（2）根据不同服务提供方式：现场问询、电话问询。

（3）根据不同服务柜台位置设置：隔离区外问询、隔离区内问询。

2. 问询原则

首问责任制：当旅客在候机楼内首先向工作人员提出有关航空知识等方面的问题时，工作人员有责任、有义务给予旅客准确回答，若遇无法解决的问题应将乘客指引至相关部门或单位解决，不得用含糊不清的语言回答。

3. 问询岗位的基本要求

（1）应答乘客询问时要站立答话，身体不靠在椅背上，思想要集中，全神贯注地聆听，目光不能游移，不能心不在焉，或说话有气无力、不爱搭理；必要时，应边听边做记录，便于解决问题。

（2）应答乘客提问或征询有关事项时，语言应简洁、准确，语气婉转，音量适中，不能偏离主题，或声音过大，或词不达意。

（3）如果乘客口齿不清，语速过快时，可以委婉地请客人重复，不能凭猜想随意回答。

（4）回答乘客的提问时应从容不迫，按先来后到的次序，分轻重缓急，一一回答，不能只顾一位乘客，忽略了其他乘客的存在。

（5）对于乘客提出的无理要求，需要沉住气，婉言拒绝，或巧妙回答"可能不会的""很抱歉，我实在不能满足您的这种要求"，做到有修养、有风度、不失礼。

（6）对于乘客的批评指责，如果确实有不当或失职，应首先向乘客赔礼道歉，对乘客的关注表示感谢，立即报告或妥善处理。

（7）如果遇到有乘客提出的问题超出了自己的权限，应及时请示有关部门，禁止说一些否定句。

4. 问询操作流程

（1）现场问询

①迎候旅客时。当没有客人前来询问时，服务人员坐在座椅上等候。当有客人询问时，站立迎候，并致问候。

②当旅客咨询时。因当根据航班信息、航空业务、方位指引、交通信息等不同情况进行差别解答。

③道别时，使用规范用语：先生/女士，再见。

④注望。旅客走后，服务人员观察旅客走向是否正确，以确认旅客完全明白解答内容，如发现旅客误解信息或走错方向时，应立即向前重新说明或引导。

（2）电话问询

①接听电话。服务人员听到铃声后按下应答键，问候旅客，听取旅客问询内容。

②输入查询内容。服务人员将旅客所要查询的内容输入计算机查询系统，再按回车键，核对信息，将计算机显示的信息与旅客所要查询的内容进行核对，计算机显示的信息内容必须与旅客所查一致。

③回答问题。问询员根据旅客查询内容使用标准用语进行规范回答。

④挂机。等待旅客先挂断电话，问询员再挂电话。

二、广播服务

广播系统是机场管理部门播放航班信息、特别公告、紧急通知等语言信息的重要工具，是旅客获取信息的主要途径。

1.广播服务系统的组成

（1）人工广播。

（2）自动广播。

（3）消防广播。

2.广播室的岗位职责

（1）了解本岗位的服务项目、内容、服务标准和流程，执行各项管理制度。

（2）掌握自动广播系统、人工广播设备设施的操作方法，确保广播信息的正确、规范。

（3）负责各类广播信息的接收和发布工作，包括航班类、宣传类、公益类和应急类信息。

（4）负责接受岗位相关安全知识、服务业务、操作技能的学习、培训，并接受相关考核，确保自身知识水平和服务能力符合岗位要求。

（5）负责广播系统、设备设施的日常检查、监测和报修工作，确保问询系统及设备设施运行正常。

（6）负责岗位操作、服务过程中各类问题的及时上报、反馈工作。

（7）负责现场各项操作、服务记录的查看、填写和交接工作。

（8）负责环境清扫，确保岗位整洁、舒适。

（9）服从旅客服务科的人员调配。

（10）完成领导交办的其他工作。

3. 广播用语的一般规定（详见知识链接"MH/T 1001–1995 民用机场候机楼广播用语规范"）

（1）广播用语必须准确、规范，采用统一的专业术语，语句通顺易懂，避免发生混淆。

（2）广播用语的类型应根据机场有关业务要求来划分，以播音的目的和性质来区分。

（3）各类广播用语应准确表达主题，规范使用格式。

（4）广播用语应以汉语和英语为主，同一内容应使用汉语普通话和英语对应播音。

4. 广播的操作流程

（1）信息接收。接收生产调度室发布的航班信息、对讲机发布的航班信息，或计算机传输的航班信息。

（2）信息核实。首先核实生产调度室的信息，复核生产调度室发布的航班信息，将计算机传输的航班信息与生产调度室发布的信息进行核对，如有疑问，点击该航班信息广播提示对话框中的"取消"键，打电话再核实确认；其次核实航空公司、旅客来电信息，先判断来电广播需求是否属于广播范围，然后答复航空公司、旅客。

（3）信息记录。正常航班登机信息记录在《当日进出港航班时刻预报表》内，误航班信息、不正常服务记录在《广播室不正常航班记录本》上，寻人寻物广播信息记录在《广播室临时广播记录本》上，登机口变更信息记录在《广播室登机口变更信息记录本》上。

（4）确定信息广播的方式。航班信息采用自动广播，寻人信息采用人工广播，寻物信息采用自动或人工广播。

（5）发布广播信息。

5. 机场广播词

（1）进港广播。

航班到达。

迎接旅客的各位请注意，由_____（始发地城市名称）飞来本站的_____（航班号）次航班，将于____点____分（时间）到达本站。

（2）出港广播。

①开始办理乘机手续。

前往_____（目的地城市名称）的旅客请注意，您乘坐的_____（航班号）次航班，现在开始办理乘机手续，请您到值机柜台办理。谢谢！

②催促办理乘机手续。

乘坐_____（航班号）次航班，前往_____（目的地城市名称）的旅客请注意，还没有办理乘机手续的旅客，请您到大厅值机柜台办理，谢谢！

③催促安检。

乘坐_____（航班号）次航班，前往_____（目的地城市名称）的旅客请注意，请办理完乘机手续还没有办理安全检查的旅客，尽快通过安全检查，到候机厅候机，谢谢。

④民航局公告。

各位旅客，现在播放民航局公告，禁止旅客随身携带液态物品乘机，请各位旅客在办理登机牌的同时，将各类液态物品、膏状、胶状物品提前托运，禁止旅客利用客票交换，捎带非旅客本人的行李物品，禁止旅客携带打火机、火柴等各类火种登机，谢谢各位旅客的配合。

⑤登机广播。

乘坐_____（航班号）次航班前往_____（目的地城市名称）的旅客请注意，现在开始登机，我们请携带婴儿或幼童的旅客、老年旅客，以及其他需要特殊服务的旅客优先登机，同时我们诚邀头等舱旅客、金银卡会员旅客优先登机。其余旅客请注意稍后广播通知，谢谢您的配合，祝您旅途愉快！

⑥催促登机。

前往_____（目的地城市名称）的旅客请注意，您乘坐的_____（航班号）很快就要起飞了，请您抓紧时间在1号登机口登机，谢谢！

⑦航班延误。

前往_____（目的地城市名称）的旅客请注意，我们抱歉地通知，您乘坐的_____（航班号）次航班，由于_____（原因）不能按时起飞，【起飞时间待定，预计___点___分（时间）】，在此我们深表歉意，请您在候机厅休息，等候广播通知，谢谢！

⑧航班取消。

前往_____（目的地城市名称）的旅客请注意，我们抱歉地通知，您乘坐的_____（航班号）次航班由于_____（原因），本次航班决定取消今日飞行，在此我们深表歉意。

⑨航班取消后的相关事宜

前往_____（目的地城市名称）的旅客请注意，我们抱歉地通知，您乘坐的_____（航班号）次航班，由于_____（原因），本次航班决定取消今日飞行，在此我们深表歉意，请办理完乘机手续的旅客，到大厅值机柜台退还登机牌，取回您的行李，如需退票的旅客，请您到大厅售票处出示有效证件，填/开航班取消证明，谢谢各位旅客的配合。

⑩失物招领。

各位旅客请注意，有遗失物品的旅客，请到失物招领处认领。

⑪火情广播。

各位旅客，由于候机楼出现火情，请旅客跟随工作人员，在其带领下沿疏散路线撤离，请您听从统一指挥，谢谢合作！

案例分析

问询员王某正在柜台回答旅客王先生的问题，前往上海的李女士凑到跟前询问她的航班还要多久才能够起飞？为什么还不起飞？航空公司是不是应该进行赔偿？由于李女士抛出的问题太多且情绪过于激动，问询员王某回答道"我也不知道，你问问别人"。李女士当即在柜台发火，并表示不解决问题就不让柜台正常营业。

请分析案例中王某服务的不当之处有哪些？

任务实训

1. 根据"MH/T 1001–1995 民用机场候机楼广播用语规范"进行广播训练。
2. 以乘务小组为单位进行"问询服务"现场问询、电话问询实操练习。

知识链接

MH/T 1001–1995 民用机场候机楼广播用语规范

任务二 | 旅客服务

任务描述

寒假期间，8 岁的小明想要乘坐飞机前往三亚看望爷爷奶奶。小明的父母由于工作太忙碌没有时间陪同小明前往，所以他们来到了机场大厅想要了解一下怎样办理手续才能让小明独自乘机前往三亚。请你帮小明一家解决一下这个难题。

任务目标

1. 掌握候机楼旅客服务流程。
2. 能阐述特殊旅客的种类。
3. 能根据不同的特殊旅客提供正确的服务。

任务探究

一、候机楼旅客服务流程

候机楼旅客服务流程包括：旅客离港、旅客进港、旅客中转。

1. 旅客离港流程

（1）换取登机牌。

1）主动询问旅客座位喜好，结合座位分配原则，尽可能予以满足。如无法满足需诚恳解释，取得旅客谅解。

2）尽量安排团体旅客或同行旅客集中就座。

3）需向安排在紧急出口座位的旅客做必要说明，如旅客不愿履行相应职责，需为其调换座位。

4）座位分配原则。

①航班座位不满时，要兼顾机舱各区对飞机平衡的影响，尽量安排旅客平均分布。

②同行旅客、家庭旅客应尽量安排在相邻座位上。

③病残旅客、孕妇、无人陪伴儿童、盲人等需要特殊照顾的旅客应安排在靠近服务员、方便出入的座位，但不应该安排在紧急出口座位。

④紧急出口座位。严格按照相关规定发放，老人、儿童、孕妇、外籍旅客（部分航空公司）、轮椅旅客、担架旅客、病残旅客、犯罪嫌疑人、语言不通者、在紧急情况不愿意协助他人者等特殊旅客均不得安排在紧急出口的座位。

⑤犯人旅客。安排在经济舱最后一排中间座位，其押运人员必须安排在犯人旅客旁边的座位上，先登机后下机。押解人员比例 3∶1。如果被押解人是女性，其押解人员必须有一名女性。

⑥担架旅客。需拆机上座椅的担架旅客必须本着避免影响其他旅客的原则，一般应在客舱尾部，避免其他旅客在进出客舱时引起注意，所拆座位不能在紧急出口旁边。

⑦婴儿。婴儿如乘坐有摇篮位的机型，则安排在摇篮位；如果飞机上没有摇篮位，在航班不满的情况下，可将其旁边的座位空出。根据飞机上对婴儿座位的要求，相连的座位不能同时安排两个婴儿，旅客要求时应做好解释。

⑧高大、肥胖旅客。不能安排在紧急出口处和影响紧急出口旅客疏散的座位；航班不满的情况下，可将这名旅客旁边的座位空出；有头等舱座位的机型，在没有重要客人占用经济舱第一排且配载平衡允许的情况下，可发放经济舱第一排座位。

⑨混舱旅客座位发放。混舱销售的航班，经济舱旅客升舱的原则是：在经济舱座位全部发满后才可升舱；全价票旅客比折扣票旅客优先免费升舱。升舱旅客座位应由后向前发，正常头等舱或公务舱旅客座位从前往后发，尽量将正常头等舱及公务舱旅客与升舱旅客分隔开。因承运人原因造成旅客非自愿降舱的情况，应尽可能安排旅客在较舒适的位置。

（2）托运行李。

1）询问旅客交运行李的件数和目的地，并提醒旅客拴挂名牌并检查行李外包装。

2）询问旅客手提行李情况（包括拉杆箱）的具体情况，明确告知超规行李如发生损坏、遗失，由此造成的损失及费用，航空公司不承担责任。

（3）安全检查。

①引导员引导旅客逐个通过安全门，提示旅客取出身上的金属物品。通过安全门后再使用手持金属探测器或手工人身检查的方法进行复查。

②对通过时安全门报警的旅客，应当重复过门检查或使用手持金属探测器或手工人身检查的方法进行复查，排除疑点后放行。

③对经过手工人身检查仍有疑点的旅客，应当重复过门检查或使用手持金属探测器或手工人身检查的方法进行复查，排除疑点后放行。

（4）候机登机。

在航班开始登机前，通过机场广播室调整登机显示；通知机场广播室进行航班登机广播；使用登机口小广播组织旅客登机。

优先登机的旅客：

①担架旅客。

②遣返旅客、犯罪旅客、押运人员。

③病人、行动不便旅客和老年旅客。

④无成人陪伴儿童和携带婴儿旅客。

⑤头等舱、公务舱旅客，持金卡和银卡旅客（根据旅客意愿）。

⑥特殊团队旅客。

⑦过境、过站旅客。

⑧普通旅客。

⑨VIP 旅客（根据旅客意愿）。

2. 旅客进港流程

（1）航班到达。

近机位接廊桥流程：

①飞机落地后，工作人员进入廊桥，待廊桥对接好后，向乘务员发信号，按要求打开舱门。

②引导旅客下机。

远机位摆渡车流程：

①摆渡车到位后，确认手势，提醒旅客下机。

②工作人员位于客梯下、机翼下等位置引导旅客乘摆渡车，阻止旅客在机翼下通过。

③工作人员在该车旅客全部上车并确保稳妥后，方可上车与司机做交接工作。

④最后一辆摆渡车发车前，工作人员必须与乘务员再次确认机上旅客已经全部下飞机。

⑤至到达大厅后，工作人员下车位于摆渡车车门旁引导旅客进入候机楼。

下机先后次序：

①中转衔接时间紧张的旅客。

②VIP 旅客。

③头等舱、公务舱、高端常旅客。

④普通旅客或无成人陪伴儿童。

⑤病人（含轮椅、担架旅客）、行动不便旅客和老年旅客。

⑥遣返旅客、罪犯旅客和押运人员。

3. 旅客中转流程

中转是指旅客持联程客票在航班衔接机场的整个转机过程，包括旅客的中转及行李的中转。

（1）航班到达。

（2）办理中转：可分为国内转国内、国内转国际、国际转国际、国际转国内。

1）国内转国内。

①航班落地30分钟前打印行李信息单给行李运输人员。

②提前安排摆渡车接送"机转机"旅客。

③根据"机转机"中转旅客名单，复核其续程登机牌并在上面加盖中转章。

④未办理续程登机牌的中转旅客，旅客下机后引导人员向其正确指引中转柜台位置，由中转值机人员为旅客办理中转手续。

⑤"免二次安检"服务在机场条件允许的情况下向旅客提供，如不能向旅客提供该项服务的，接机引导、中转值机人员应向旅客说明情况，并指引使用其他旅客通道。

⑥引导旅客前往续程航班停机位/登机口登机。

⑦当旅客中转MCT时间（航空公司或机场当局根据机场中转功能的情况而制定的旅客办理航班中转手续所需的最短时间）短于规定时间时，中转引导人员应根据航班运行情况向旅客提供急转服务，全程陪同协助旅客尽力完成后续航班衔接。

2）国内转国际。

①航班降落前30分钟将通程航班旅客的出发航班号、姓名、人数、行李件数信息书面通报海关及检验检疫单位。

②托运行李需开箱检查的，中转引导人员协助旅客配合海关办理相关手续。

3）国际转国际。

①航班降落前30分钟将通程航班旅客的出发航班号、姓名、人数、行李件数息书面通报海关及检验检疫单位。

②托运行李需开箱检查的，中转引导人员协助旅客配合海关办理相关手续。

③引导旅客办理过境手续。

4）国际转国内。

①前段航班降落前30分钟将中转旅客的航班号、姓名、人数、中转行李数等信息书面通报海关及检验检疫单位。

②引导中转旅客至中转厅等待行李清关。

（3）候机登机。

二、特殊旅客服务

特殊旅客又称特殊服务旅客或者特服旅客，是指在接受旅客运输和旅客在运输过程中，承运人需给予特别礼遇，或者给予特别照顾，或需符合承运人规定的运输条件方可承运的旅客。

适用范围：特殊旅客包括重要旅客，病残旅客（病患/伤旅客、担架旅客、轮椅旅客、盲人/聋哑人旅客等），无成人陪伴儿童旅客，老年人旅客，孕妇旅客，婴儿旅客，犯罪嫌疑人及其押解人，特殊餐饮旅客，酒醉旅客，额外占座旅客，机要交通员/外交信使和保密旅客。

1.特殊旅客乘机文件

（1）《特殊旅客服务需求单》：A、B、C三类。

A单适用于：轮椅旅客（WCHS、WCHR）、听障旅客、盲人旅客、老年人旅客、孕期不足32周孕妇旅客、携带婴儿旅客、特殊餐食旅客等一般特殊旅客。

特殊旅客服务需求单（A类）

（轮椅旅客（WCHS/WCHR）、听力/视力/语言障碍旅客、年长旅客、孕妇（孕期<32周）、携带婴儿旅客、特殊餐食旅客。）

尊敬的旅客朋友：

　　非常感谢您选乘海南航空公司航班，为了给您提供更好的服务，请您详细填写以下内容，在您需要选择的服务项目"□"内打"√"

<table>
<tr><td rowspan="6">A</td><td rowspan="6">个人信息</td><td colspan="2">姓名</td><td colspan="2">性别</td><td colspan="2">年龄</td><td></td></tr>
<tr><td colspan="2">航班日期</td><td colspan="2">航班号</td><td colspan="2">电话</td><td></td></tr>
<tr><td colspan="2">始发站</td><td colspan="2">经停站</td><td colspan="2">到达站</td><td></td></tr>
<tr><td colspan="2">证件种类</td><td colspan="3">证件号码</td><td colspan="2"></td></tr>
<tr><td colspan="2">地址</td><td colspan="5"></td></tr>
</table>

<table>
<tr><td rowspan="2">B</td><td rowspan="2">身体状况</td><td></td></tr>
<tr><td>如果您是盲人或听障旅客，是否携带导盲犬或助听犬？　　否□　　是□</td></tr>
</table>

<table>
<tr><td rowspan="6">C</td><td rowspan="6">轮椅服务</td><td colspan="2">（1）在机场是否需要轮椅服务？
　　否□　　是□</td><td colspan="2">□能上下台阶，但进行长距离移动时需要轮椅帮助（WCHR）
□不能上下台阶，但在客舱中能自己行动（WCHS）</td></tr>
<tr><td rowspan="2">（2）是否携带自有轮椅旅行？
　　否□　　是□</td><td>□手动轮椅
□机械轴环式
（WCMP）</td><td>□在值机柜台进行托运；
□希望使用自有轮椅到达登机门，在登机门办理托运；
□飞机到达后，希望飞机舱门口提取托运轮椅；
□飞机到达后，希望在托运行李提取处提取托运轮椅；
＊目前客舱内无法放置旅客自有轮椅，敬请谅解。</td></tr>
<tr><td>□电动轮椅</td><td>□携带可溢出液体电池驱动轮椅（WCBW）；
□携带密封式无溢出电池驱动轮椅（WCBD）；
□飞机到达后，希望飞机舱门口提取托运轮椅；
□飞机到达后，希望在行李转盘处提取托运轮椅；
＊电动轮椅装入货舱所需时间较长，因此请您于航班起飞90分钟前到值机柜台进行轮椅托运。</td></tr>
<tr><td colspan="2">（3）您是否需要客舱轮椅服务？　　否□　　是□</td><td colspan="2">目前海南航空仅在A330和B787机型上提供。</td></tr>
</table>

<table>
<tr><td rowspan="3">D</td><td rowspan="3">引导服务</td><td>（1）始发地是否需要引导您到达登机口？　　否□　　是□</td></tr>
<tr><td>（2）中转地是否需要引导您到达中转航班登机区？　　否□　　是□
　　如选择"是"，请告知您中转航班号、起飞时间</td></tr>
<tr><td>（3）目的地是否需要引导您至到达厅出口？　　否□　　是□</td></tr>
</table>

<table>
<tr><td rowspan="5">E</td><td rowspan="5">其他</td><td>（1）需要特殊餐食？　　否□　　是□
　　如果选"是"，请您向工作人员索要特殊餐食清单，请指定特殊餐食类型：
＊　因特殊餐食准备受时间限制。请您在航班起飞24小时前提出申请。24小时以内提出的申请。
　　请联系工作人员，确认是否可以提供此服务。</td></tr>
<tr><td>（2）需安特殊座位？　　否□　　是□
　　如果选"是"，请指明：靠近过道座位□，靠近窗口座位□，其他</td></tr>
<tr><td>（3）是否需要客舱婴儿摇篮？　　否□　　是□　　预留座位号：＿＿＿＿＿＿</td></tr>
<tr><td>（4）是否需要客舱儿童座椅？　　否□　　是□　　预留座位号：＿＿＿＿＿＿</td></tr>
<tr><td>（5）其他需求＿＿＿＿＿＿＿＿＿＿＿＿＿＿＿＿＿＿＿＿＿＿＿＿＿＿＿＿</td></tr>
</table>

<table>
<tr><td rowspan="2">F</td><td rowspan="2">随行</td><td>姓名：</td></tr>
<tr><td>电话：</td></tr>
</table>

我，即为签字者，保证以上内容真实、有效，旅客（监护人）签字：　　　　　　　　　日期：

海南航空经办单位：　　　　售票处或地面服务单位：　　　　　　经办人签字：　　　　日期：

说明：此单一点四联，无碳式复写，第一联为出票联，由售票处留存；第二联为值机联，始发站值机单位留存；第三联服务联，始发站特殊旅客地面服务人员交至航班乘务长处，乘务长在航班到达后，将此服务联交目的站特殊旅客服务人员留存，第四联为旅客联。

B 单适用于：无成人陪伴儿童旅客、无陪听力障碍旅客、无陪视力障碍旅客、无陪语音障碍旅客、无陪孕妇旅客。

特殊旅客服务需求单 B 类（无成人陪伴旅客乘机需求单）

（无陪儿童、无陪老人、无陪孕妇、无陪视力听力语言障碍旅客）

Unaccompanied Traveler Application forms

乘机人信息 information：

姓名 Name：　　　　　　　年龄 Age：　　　　　　　性别 Sex：

母语 Languages spoken：

住址 Permanent address：　　　　　　　电话号码 Telephone No.：

其他联系方式 Other contacts：

航班详细资料 Flight details Information

航班号 Flight no.　　　　　　　日期 date

自 from　　　　　至 to

航班号 Flight no.　　　　　　　日期 date

自 from　　　　　至 to

始发站旅客送机人员（旅客亲属）信息 Person（relatives of passengers）seeing off on departure

姓名 Name：　　　　　　　电话号码 Telephone No.：

地址 Address：

经停 / 衔接站接送人员（旅客亲属）信息 Person（relatives of passengers）meeting and seeing off at stopover point

姓名 Name：　　　　　　　电话号码 Telephone No.：

地址 Address：

到达站接机人员（旅客亲属）信息 Person（relatives of passengers） meeting on arrival

姓名 Name：　　　　　　　电话号码 Telephone No.：

地址 Address：

到达站旅客接机人员（旅客亲属）签字 Signature for release of traveler from airlines' custody

C 单适用于：担架旅客、轮椅旅客（WCHC）、32 周—36 周孕期之间的旅客。

特殊旅客服务需求单（C 类）（背面）

	（担架旅客、使用轮椅旅客（WCHC）、孕妇旅客（32 周≤孕期<36 周）、患病或肢体病伤的旅客、需要机上医疗氧气的旅客）						

尊敬的旅客朋友：

　　非常感谢您选乘西部航空有限责任公司航班，为了给您提供更好的服务，请您详细填写以下内容，在您需要选择的服务项目"□"内打"√"。

A	个人信息	姓名		性别		年龄	
		航班日期		航班号		电话	
		始发站		经停站		目的站	
		证件种类		证件号码			
		地址					

B	轮椅服务	（1）在机场是否需要轮椅服务？ 否□　是□		□完全无法行动，在客舱座位就座或离开时同样需要帮助（WCHC）	
		（2）是否携带自有轮椅旅行？ 否□　是□	□手动轮椅 □机械轴环式（WCMP）	□在值机柜台进行托运； □希望使用自有轮椅到达登机门，在登机门办理托运； □飞机到达后，希望飞机舱门口提取托运轮椅； □飞机到达后，希望在托运行李提取处提取托运轮椅； □目前客舱内无法放置旅客自有轮椅，敬请谅解。	
			□电动轮椅	□携带可溢出液体电池驱动轮椅（WCBW）； □携带密封式无溢出电池驱动轮椅（WCBD）； □飞机到达后，希望飞机舱门口提取托运轮椅； □飞机到达后，希望在行李转盘处提取托运轮椅； □电动轮椅装入货舱所需时间较长，因此请您于普通旅客办理乘机手续截止前 2 小时到值机柜台进行轮椅托运。	
		（3）目前西部航空无法提供客舱轮椅服务，敬请谅解。			

C	引导服务	（1）西部航空在始发地服务人员引导您到达登机口。
		（2）如您乘坐中转航班，西部航空地面服务人员将引导您到达中转航班登机区。 　　请告知您中转航班号起飞时间。
		（3）目的地西部航空地面服务人员迎接您，协助您领取托运行李，引导您至到达厅出口。

D	担架	是否需要机上担架？（需要陪护人员和医疗诊断证明书）　否□　是□

E	氧气设备	是否需要使用机上专用医疗氧气设备？　否□　是□ 注：根据中国民航 CCAR121.574 条的规定，不允许旅客私自携带氧气袋乘机，需要时可使用机上专用医疗氧气设备。但目前西部航空飞机上没有配备专用医疗氧气设备。如您需要使用机上氧气瓶，应在定座购票时事先提出申请，须经西部航空同意并预先作出安排。

F	救护车	西部航空目前没有救护车服务，请旅客自行联系准备救护车，请告知以下信息： （1）到达出发地机场。提供救护车的公司名称：　　　　　　　　联系电话： （2）离开目的地机场。提供救护车的公司名称：　　　　　　　　联系电话：

G	陪护人员	无自理能力的旅客需要陪护随行（协助用餐及到达、使用洗手间）或押解犯罪嫌疑人监护人员。 （1）姓名：　　　年龄：　　　性别：　　　□医生　□护士　□其他（　　　） （2）姓名：　　　年龄：　　　性别：　　　□医生　□护士　□其他（　　　） （3）姓名：　　　年龄：　　　性别：　　　□医生　□护士　□其他（　　　）

H	备注	

旅客声明：我，即为签字者，保证以上内容真实、有效。

旅客（监护人）签字：　　　　　　　　　　　　　日期：

西部航空经办单位：　　　　　　售票处，售票处经办人签字：　　　　　　日期：

始发站地面服务单位：　　　　　　经办人签字：　　　　　　日期：

说明：此单一式四联，无碳式复写，第一联为销售单位联，第二联为值机单位联，第三联为乘务联——目的站联，第四联为旅客联。相关单位留存一年。

（2）《诊断证明书》：证明病伤旅客适应乘机的书面证明文件。

诊 断 证 明

1. 旅客姓名＿＿＿＿＿＿＿＿＿ 2. 年龄＿＿＿＿＿＿＿＿

3. 性别＿＿＿＿＿＿＿

4. 住址（或工作单位）＿＿＿＿＿＿＿＿＿＿＿＿＿＿ 5. 电话＿＿＿＿＿＿＿＿＿＿

6. 航程：航班号＿＿＿＿＿＿＿＿＿＿＿ 日期＿＿＿月＿＿＿日自＿＿＿至＿＿＿

   联程：航班号＿＿＿＿＿＿＿＿＿＿＿ 日期＿＿＿月＿＿＿日自＿＿＿至＿＿＿

7. 诊断结果：＿＿＿＿＿＿＿＿＿＿＿＿＿

8. 症状、程度、愈后（如系孕妇需注明预产期）＿＿＿＿＿＿＿＿＿＿＿＿＿＿＿＿＿

＿＿＿＿＿＿＿＿＿＿＿＿＿＿＿＿＿＿＿＿＿＿＿＿＿＿＿＿＿＿＿＿＿＿＿＿＿＿．

注：（1）上述 7、8 两项内容填写，需简单、明确。

（2）下述表格中提供的内容。供机上服务人员在飞行途中为病残旅客提供必要的服务时作为参考。

程度症状	无	中等	轻度	严重	备注
贫血					
呼吸困难					
疼痛					
血压					

附注：（如有膀胱、直肠功能障碍或在飞行中需特殊餐食及药物医疗处理情况等，请予以判明）

9. 需要何种乘坐姿势（将下列适用的项目用○圈起）、

乘坐姿势		1. 使用机上一般坚持 2. 使用机上担架设备
陪伴人员		医生，护士、其他人员（具体列明），不需要
上下飞机时	轮椅	要，不要
	担架	要，不要
救护车		要，不要

我院诊断认为，该旅客的健康条件在医学上能够适应上述航空旅行的要求，无传染病，也不至造成对其他旅客的不良影响。

医师：＿＿＿＿＿＿＿＿＿＿＿＿＿ 电话：＿＿＿＿＿＿＿＿＿＿＿＿＿

签字：＿＿＿＿＿＿＿＿＿＿＿＿＿ 医疗单位（盖章）

（3）《乘机服务单》：地面服务人员根据《乘机申请书》填写，机上按需求提供服务。

无成人陪伴儿童乘机申请书
UNACCOMPANIED MINOR REQUESTED FOR CARRIAGE–HANDLING ADVICE

日期（DATE）：

至（To） 售票服务处（OFFICE CEA）

儿童姓名（NAME OF MINOR ） 年龄（AGE）：＿＿＿＿＿

（包括儿童乳名 –INCLUDING NICKNAME ） 性别（SEX）：＿＿＿＿＿

航程（ROUTING ）

航班号 FLTNO	日期 DATE	自 FROM	至 TO

航站 STATION	接送人姓名 NAME OF FERSONACCOMPANYING	地址电话号码 ADDRESSAND TEL NO
始发站 ON		
经停站 VIA POINT		
中转站 TRANSFER		
到达站 ON ARRIVAL		

儿童父母或监护人姓名地址电话号码

PARENT/GUARDIAN–NAME.ADDRESS AND TEL No:

＿＿＿＿＿＿＿＿＿＿＿＿＿＿＿＿＿＿＿＿＿＿＿＿＿＿＿＿＿＿

声明（DECLARATION ）

1 我证实申请书中所述儿童在始发站、航班衔接站和到达站由我所列明的人负责接送。接送人将保证留在机场。直到航班起飞以后，以及按照班期时刻所列的航班到达时间以前抵达到达站机场。

1. I dedare that I have arranged for the minor mentioned on the upper side of this sheet to be accompanied to the airport on departure and to be met at stopover point(s) and upon arrival by the person named. These person will remain at the airport until the flight has departed and/or be available at the airport at the scheduled time of the arrival of the fight.

2 如果由于上表所列接送人未按规定进行接送，造成儿童无人接送时，为保证儿童的安全运输包括返回始发站，我授权承运人，可以采取必要的行动。并且同意支付承运人在采取这些行动中所垫付的必要的和合理的费用。

2. Should the minor not be met as stated on the upper side of this sheet I authorize the carrier(s) to take whatever action they consider necessary to ensure the mincr's safe custody including return of the minor to the airport of departure, and I agree to indemnify and reimburse the carrier(s) for the necessary and reasonable costs and expenses incurred by taking such action.

3 我保证该儿童已具备有关国家政府法令要求的全部旅行证件(护照、签证、健康证明书等)。

3. I certify that the minor is in possession of all travel documents (passport, visa, health certificate, etc.) requied by applicable laws.

4 我作为上表所列儿童的父母或监护人，同意和要求该儿童按无成人陪伴儿童的规定，进行运输，并证明所提供的情况正确无误。

4. I, the undersigned father/mother or guardian of the minor mentioned on the upper side of this sheet agree to and request the unaccompanied carriage of the minornamed on the upper side of this sheet and certify that the information provided is accurate.

申请人签字（Signature）：＿＿＿＿＿＿＿＿＿＿＿＿＿

（4）《旅客运输申明书》：旅客运输免除或者豁免责任书；

（5）《特殊旅客机长通知单》：代理机场、代理地面工作人员报机长，由机长做决定。

2. 特殊旅客服务

（1）重要旅客服务。

①重要旅客的定义：指因其身份或社会地位的需要应予以特别礼遇和照料的特殊旅客。公司向确定身份的重要旅客（最重要旅客、一般重要旅客、工商界重要旅客，即"VVIP、VIP、CIP"）提供高规格服务项目，国家另有规定的除外。

②重要旅客的分类：

（1）最重要旅客（Very Very Important Person，VVIP）

国内：

①中共中央总书记；

②中共中央政治局委员、候补委员；

③中共中央书记处书记、候补书记；

④国家副主席；

⑤中央军委副主席；

⑤全国人大常委会副委员长；

⑥国务院副总理、国务委员；

⑧全国政协副主席；

⑨最高人民检察院检察长；

⑩最高人民法院院长。

国外：

①外国国家副总统、副总理、副首相、议长、副议长；

②国内知名人士、参加驻我国外交使团集体活动的人士；

③联合国秘书长；

④国际奥委会主席；

⑤王室主要成员。

（2）一般重要旅客（Very Important Person，VIP）

国内：

①省、部级（含副职）以上领导；

②军警部队在职正军职（含少将以上领导人）；

③大使、公使级外交使节等；

④由各部、委以上单位或我驻外使领馆提出要求按上述旅客服务标准接待保障的重要旅客；

⑤中国工程院、中国科学院院士：

⑥受以上身份或职级待遇的其他旅客；

⑦公司认可的重要旅客。

国外：

①王室代表；

②各国政府部长；

③外国政府部长、副部长率领的专业性代表团及相应级别领导人；

④大使、公使级外交使节；

⑤国际（地区）各单项组织主席：

⑥国际组织（包括联合国国际民航组织）负责人、国际知名人士、著名议员、著名文学家、科学家和著名新闻界人士等；

⑦享受以上身份或职级待遇的其他旅客：

⑧公司认可的重要旅客。

（3）工商界重要旅客（CommerciallyImportantPerson，CIP）

工商业、经济和金融界重要、有影响的人。

3.重要旅客特殊服务内容

（1）优先办理乘机手续或现场代办乘机手续。

（2）放宽免费托运行李限额。

（3）放宽旅客随身携带行李限额。

（4）安排提前或最后登机、优先下机。

（5）有条件的情况下可提高舱位等级。

（6）提供头等舱旅客休息室（或贵宾专用休息室）

（7）提供专人陪伴引导。

（8）安排专人协助提拿行李。

（9）代办托运或领取行李。

（10）提供重要旅客行李后装先卸和优先交付服务。

4.重要旅客服务注意事项

（1）重要旅客的定座、售票、信息传递和服务工作应有专门和指定人员负责。

（2）重要旅客乘坐班机，除各部门需提供良好服务外，还应注意做好保密工作，遇到问题应及时向当日的公司运行值班员反映。

（3）始发站值机或商务调度部门应在运送重要旅客的航班离站后，飞机起飞20分钟后及时派发运送报告通知经停、到达站要客服务部门再通知地面。

5.病残旅客服务

（1）病残旅客的定义：由于身体或精神上的缺陷或病态，在航空旅行中，不能自行照料自己的旅途生活，需由他人帮助照料的旅客。

（2）病残旅客的分类：身体患病、精神患病、年迈老人。

（3）病残旅客服务流程：

①始发站地面服务人员接到病患旅客服务通知，提前准备好相关设备和服务准备。旅客到达值机柜台后，查验特殊旅客乘机证件、客票、《医疗诊断证明书》、《特殊旅客服务需求单C类》及其他必需的运输文件，并为其办妥登机牌。

②病患旅客座位安排应尽量靠近乘务员或者靠近客舱门口的座位。行动不便的旅客安排应尽可能靠近盥洗室和靠近紧急出口，但非紧急出口处。

③协助办理行李托运。

④协助旅客进行安全检查。

⑤航班登机时，安排病患旅客提前登机，帮助旅客携带随身物品及手提行李。

⑥与乘务长做好交接工作。

（4）病残旅客服务注意事项：

①旅客自备轮椅不得带入客舱内，但可以在值机柜台或登机口交运，换承运人提供的轮椅。轮椅作为托运行李免费运输，不计入免费行李额。

②为轮椅旅客优先办理乘机手续，并将旅客的座位尽量安排在靠通道的方便旅客进出的位子上。

6. 无成人陪伴儿童服务

（1）无成人陪伴儿童定义：是指年满5周岁但不满12周岁，没有年满18周岁且有民事行为能力的成年人陪伴乘机的儿童。

（2）无成人陪伴儿童服务流程：

①地面特殊旅客服务人员应查看《特殊旅客服务需求单B类》（如旅客出票时没有填写，则由地面人员填写），必须核实目的站的指定接送人情况，无误后发给无成人陪伴儿童标志牌和文件袋，并引导无成人陪伴儿童前往值机柜台办理乘机手续。在儿童乘机过程中，《特殊旅客服务需求单B类》以及旅行证件等各种运输凭证的文件袋（小小旅行家）挂在儿童胸前。

②单个无陪儿童应尽可能安排在前排过道座位，多名无陪儿童应集中安排在便于客舱乘务员照料的适当的前排座位。但不得安排在飞机的紧急出口处。

③无陪儿童的行李应拴挂"优先行李"标识。

④从无陪儿童办理乘机手续至登记完成后的整个候机时间，特殊旅客服务人员应全程陪伴无陪儿童，无陪儿童的父母或监护人应在航班起飞后离开。

⑤无陪儿童应安排先于其他旅客登机，根据旅客需求，提供引导服务。

⑥无陪儿童登机时，由地面人员将儿童以及《B类单》一并交予客舱乘务长，办妥手续后，其中一份由服务部门存档备查。

（3）无成人陪伴儿童服务注意事项：

（旅客监护人需要在航班起飞前向销售部门提出无成人陪伴儿童的运输申请填写《无成人陪伴儿童乘机申请书》，并提供始发站和目的站的儿童接送人的姓名、地址和联系电话。

7. 孕妇旅客服务

（1）怀孕不足8个月（32周）的孕妇乘机，除医生诊断不适应乘机者外，在提出成绩申请时应填写《特殊旅客服务需求单A类》。

（2）怀孕超过8个月（32周）（含）但不足9个月（36周）的健康孕妇，如有特殊情况需要乘机，应在乘机前24小时内交验由县、市级或者相当于这一级以上的医疗单位盖章和医生签字的《诊断证明书》一式三份，且注明在XX日前适宜乘机有效。

（3）在航班座位不满的情况下，孕妇旅客的座位应安排在中间座位，两边座位锁住。不得安排在紧急出口座位。对孕妇的行李拴挂"优先行李"标识。

8. 特殊餐食旅客服务

（1）营业员在旅客订座记录中根据旅客要求派发特殊餐食申请电报。

（2）值机员了解特殊餐食接受预订情况。

（3）值机员将特殊餐食订妥情况反馈给旅客。

（4）做好座位安排，尽可能与普通旅客分开。

（5）值机人员填写《特殊旅客服务通知单》，将旅客座位号和特殊餐食种类与乘务长交接。

案例分析 ✎

旅客在国航西直门直属售票处购得7月20日北京—常州往返机票一张，购票同时预订了穆斯林餐。当时营业员表示餐食已定妥。在实际乘机时却发现特殊餐食未上机。

请分析案例中航空公司不当之处有哪些？想一想如何解决这个问题，避免旅客投诉。

任务实训 ✎

1. 默写特殊旅客分类及运载限制。
2. 以乘务小组为单位进行"特殊旅客服务"实操练习。

知识链接 ✎

国航特殊餐食代码表

特餐 四字代码	英文全称	中文全称	中文注解
AVML	Vegetarian Asian（hindu）meal	亚洲素餐	通常由来自亚洲次大陆的旅客选定，通常是亚洲生产的蔬菜，不包括肉或海鲜。
BBML	Baby meal	婴儿餐	含肉类、蔬菜或水果类。
BLML	Bland meal	清淡餐	菜肴包括低脂肪和低纤维食物。避免油炸食物，黑胡椒，含气植物，芥末，咸菜，大蒜，坚果，和含咖啡因或酒精的饮料。适合有胃肠疾病的乘客进食。
CHML	Child meal	儿童餐	菜肴含有儿童喜欢的食物。避免过咸过甜食品。
DBML	Diabetic meal	糖尿病餐	菜肴是低糖食物，适合糖尿病人食用。不含有任何种类的糖。
FPML	Fruit platter meal	水果餐	菜肴只包括水果。包括新鲜水果，糖渍水果和水果甜品。
GFML	Gluten intolerant meal	无麸质餐	菜肴是为麸质过敏和不耐的客人准备的。（麸质是存在于小麦、大麦、燕麦、黑麦等中的蛋白质）。面包，汁类，奶油蛋羹，蛋糕，巧克力，饼干，谷物及其制品被严禁使用。
HNML	Hindu meal	印度教餐	印度教餐不包括牛肉或猪肉，但包括羊肉，家禽，其他肉类、鱼和牛奶制品。此特别餐是专为少数可吃肉或鱼的印度旅客准备的。
KSML	Kosher meal	犹太教餐	一切准备按犹太饮食习惯，并购自有信誉的制造商。（请注意：需提前48小时申请）
LCML	Low calorie meal	低卡路里餐	菜肴包括瘦肉、低脂肪奶制品和高纤维食物。糖，奶油，汁类，蛋黄酱，脂肪食品被禁止使用。
LFML	Low fat meal	低脂肪餐／低胆固醇餐	菜肴适合需要减少脂肪摄入量的客人食用。不含油炸食品，肥肉，奶制品，加工食品，浓汁，内脏，带壳水产品，蛋黄和焙烤制品。
LSML	Low salt meal	低盐餐	菜肴中的盐有一定的控制量，是为了患有高血压，闭尿症和肾病的乘客准备的。食品不含盐，蒜盐，谷氨酸钠，苏打，腌渍咸菜，罐头肉和鱼，奶油，吉司，贝壳类，土豆泥，肉汁类，鸡粉，面包，罐头蔬菜。

续表

特餐 四字代码	英文全称	中文全称	中文注解
MOML	Moslem meal	穆斯林餐	菜肴不含有猪肉、熏肉、火腿、肠类、动物油脂或酒精及无鳞鱼类和鳗鱼、甲鱼。所有的家禽和动物在被宰杀和烹饪时需要按照伊斯兰教的有关规定。
NLML	Low lactose meal	低乳糖餐	餐肴不包括乳糖及奶类制品，亦没有任何相关材料。不含奶酪，奶制品，酸奶，黄油，人造肉制品，蛋糕及饼干，奶油类甜品和布丁，土豆泥，太妃糖，巧克力和奶油。
RVML	Vegetarian raw meal	生蔬菜餐	餐食仅以水果及蔬菜为原料，不含有任何动物蛋白原料。
SFML	Seafood meal	海鲜餐	专为喜欢海鲜的旅客定制，菜肴包括一种或多种海鲜。不含肉类制品。
SPML	Special meal	特殊餐食	此代码无任何具体含义，必须与具体说明一起使用。例：SSR SPML CA NN1 PEKHKG 109 K06DEC PAX NEED A MOML，BUT NO SALT/P1？
VGML	Vegetarian vegan meal	纯素餐	素餐也被称为"Vegan Meal"。餐食中不能含有任何的动物或动物制品。菜肴不包括肉、鱼或奶制品、鸡蛋、奶酪及相关制品，可食用人造黄油。
VJML	Vegetarian jain meal	耆那教餐	专为耆那教徒提供，是严格的素餐，用亚洲方法烹制。无任何根类植物如洋葱、姜、大蒜、胡萝卜等，无任何动物制品。
VLML	Vegetarianlacto-ovo meal	西式素餐	菜肴不包括肉或海鲜及其制品，但包括日常的黄油、奶酪、牛奶和鸡蛋。
VOML	Vegetarian oriental meal	东方素餐	东方素餐是按中式或东方的烹饪方法制作。不带有肉、鱼或野味、奶制品或任何生长在地下根茎类蔬菜，如生姜、大蒜、洋葱、大葱等。

项目四 值机服务

任务一 值机服务基础知识

任务描述 ✎

国庆"黄金周"期间，机场人流量剧增，航站楼里人山人海。值机柜台也排起了长队，游客们正焦急地等待办理值机手续。为保障旅客正常出行，作为机场值机服务人员应提前做好哪些工作准备？怎样才能提高值机效率呢？

任务目标 ✎

1. 认识值机服务用品。
2. 了解特色值机方式。
3. 熟悉值机时间要求。

任务探究 ✎

做好旅客值机服务，有利于应对值机过程中的各种情况，保证旅客正常出行，减少运输差错和服务事故，提高工作效率和服务水准。值机服务必须清楚值机服务流程、时间安排、人员要求及值机方式，做好各项准备工作。

一、值机准备

值机员按柜台开放时间提前到达指定柜台，查阅当日航班预报，了解执行航班的机型机号、预定离站时间、开始和截止办理乘机手续的时间、航线等信息，了解航班各舱位等级旅客人数、过站旅客人数、重要旅客和特色旅客服务要求。值机人员还需检查值机登记用品、启动值机离港系统，提前做好迎客准备。

1. 值机用品准备

（1）登机牌。是机场为乘坐航班的旅客提供的登记凭证。登机牌上印有航空公司标识和名称，以及乘机人姓名、航班号、航班起始站、座位号、舱位等级、日期与登机时间、登机口等内容。登机牌常见的有三联式登机牌和两联式登机牌。

（2）行李牌。是承运人运输行李的凭证，也是旅客领取行李的凭证之一。行李牌从用途上可分为直达运输行李牌和联程运输行李牌。其中，直达运输行李牌较为常见，俗称"三联行李牌"即：行李领取联、拴挂联、集装箱联（备用保险联）。

（3）易碎物品标识。旅客行李箱内有易碎物品时，应在行李明显地方贴上易碎物品标识，并且与旅客签订免责协议。

（4）旅客行李姓名牌。

2. 值机设备准备

为旅客办理值机手续主要的设备有电脑、行李磅秤、行李转盘等。值机人员上岗时应了解设备使用情况：核对柜台显示的登机门和登机牌是否一致，检查磅秤、传送带是否完好；开启电脑登录离港值机系统查询航班信息，在值机系统中，使用相应功能键查询航班信息。

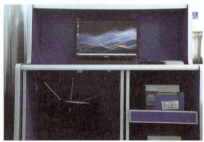

二、值机方式

1. 传统柜台值机

（1）普通旅客柜台。是指任何旅客或团队在指定的普通柜台都可办理登机、托运手续。

（2）贵宾柜台。贵宾柜台也称"VIP 通道"，是指乘坐各航班的 VIP 旅客、头等舱旅客、持有本航空公司会员卡的旅客均可在此柜台办理便捷的乘机手续。

（3）会员柜台。是专门为持有本航空公司会员卡的旅客提供乘机服务。

（4）特色旅客柜台。特色旅客柜台专为有特殊需要的旅客提供方便、快捷的服务，特殊旅客指：无人陪儿童、孕妇、伤残旅客等。

（5）临近起飞快速办理柜台。快速办理柜台是针对临近起飞前 45 分还没办理乘机手续的旅客，为乘客快速办理乘机手续。快速办理柜台也可为普通旅客办理乘机手续。

2. 特色值机

旅客使用特色值机方式办理值机手续快捷便利，可为无托运行李旅客快速办理值机手续，与传统值机方式相比，免去在值机柜台排队等候的烦恼，更可以个性化选择座位，广受年轻旅客欢迎。

（1）机场自助值机。是指旅客到达机场后借助专门的值机机器，自行完成旅客证件验证、座位选择、打印登机牌。自助值机适合无托运行李旅客，若需托运行李，则需到值机柜台完成行李交运。

（2）手机值机。是指旅客使用手机软件或关注航空公司公众号在其航空公司规定时间内提前完成身份证件验证、座位选择。值机完成后会形成二维码电子登机牌，旅客可凭此二维码到机场打印纸质登机牌，或直接扫码进入安检、登机。

（3）移动值机。是指在候机楼内由工作人员手持装有移动值机系统的移动终端，肩背无线网络接收器和登机牌打印机，在移动终端输入旅客身份信息后即可打印出登机牌。如有行李需要托运，在打印出登机牌后可前往柜台办理行李托运手续。

三、值机时间的要求

根据民航局规定，飞机 100 座以下机型开始办理乘机手续的时间为起飞前 60 分钟、100 座 -200 座飞机的时间为起飞前 90 分钟、200 座以上的时间为起飞前 120 分钟，自助值机无具体规定。为保证航班正点起飞，机场方面必须严格执行提前 30 分钟停止办理乘机手续的规定。

为了保证飞机正点起飞，航空公司会提前为旅客办理乘机手续，非柜台开始办理值机时间为航班起飞前 24 小时，截止办理为起飞前 1 小时。国内航班值机柜台办理乘机手续一般不迟于客票上起飞时间前 90 分钟。截止办理乘机手续时间为航班起飞前 45 分钟，北京首都机场 T3 航站楼截止办理手续时间为起飞前 30 分钟。国际航班开始办理为起飞前 3 小时至 2 小时，截止办理为航班起飞前 45 分钟或者 60 分钟。

案例分析 ✐

值机员王某正在柜台为要客办理行李托运手续，此时一名旅客来到柜台，没有排队直接问王某，是这里办理手续吗？王某问他你是去哪里，旅客说是去上海，但当时只有 HU7653 一个航班去上海，起飞时间为 12:50，当时已经截止办理乘机手续了，但王某并没有意识到这是晚到旅客，对旅客说："您稍等一会。"王某办理完旅客行李托运后，立即询问配载是否可以加上该旅客，配载回答来不及了，已经加不上了。此时时间为 12:34，王某告诉旅客走不了了，并指引旅客到海航售票处办理退票改签手续。

旅客到售票处得知需收退票费后感到不满，又找到值机柜台理论，最后值台主任与海航协调免收退票费，旅客才离开。

请分析案例中王某服务的不当之处有哪些？

任务实训 ✐

1. 了解不同航空公司的纸质登机牌，了解登机牌上的基本信息。
2. 下载"航旅纵横"软件，了解如何自助办理值机。

知识链接 ✍

为什么飞机要在航班起飞前 30 分钟停止办理乘机手续？首先，我们要明白飞机的起飞时间是指机场地面保障工作完毕，飞机关上客、货舱门的时间，而不是飞机离地升空的时间；其次，关上舱门到飞机滑行到跑道的 30 分钟内，民航工作人员还要进行清点机上旅客人数并与地面检票情况进行核对，保证没有差错。旅客上了飞机后，乘务员要再次清点人数，防止漏乘，然后进行飞机起飞前的准备工作，给旅客讲解有关注意事项和机上设备的使用方法，检查行李架上的行李是否放好、旅客的安全带是否系好等工作。当飞机开始滑行时，还需等待机场或空中交通管制人员的放飞指令。因此飞机起飞前 30 分钟应停办乘机手续，否则就会导致航班延误。

任务二 | 办理值机手续

任务描述 ✍

小张是一名新入职的地面服务人员，刚刚通过入职培训考核，今天是他正式上岗的第一天，他即将负责值机柜台员的工作。小张前期已经积累了丰富的专业知识，信心满满的他打开柜台电脑，开启称重台，检查完数据资料后准备为旅客办理值机手续，请问小张具体为旅客提供哪些值机的服务呢？请分小组模拟办理值机手续。

任务目标 ✍

1. 会根据旅客要去安排座位。
2. 知道托运行李要求。
3. 会办理值机手续。

任务探究 ✍

为旅客办理值机手续是值机柜台员为已购买客票的旅客提供的一项乘机服务。柜台值机是传统的值机方式，能面对面地为旅客提供服务，广受缺乏出行经验和老年旅客的喜爱。

一、查验客票

1. 客票的定义

客票是指具有乘载权利的运输凭证，分为纸质客票和电子客票。

纸质客票是指由公司或其客运销售代理人代表公司所填开的被称为"客票及行李票"的凭证，包括运输合同条件、声明、通知以及乘机联和旅客联等内容。

电子客票是指由公司或其客运销售代理人销售的以电子数据形式体现的客票，是纸质客票的电子替代产品。

2. 国内乘机证件

（1）中国大陆地区居民的居民身份证、临时居民身份证、护照、军官证、士官证、海员证等，香港、澳门地区居民的港澳居民来往内地通行证，台湾地区居民的台湾居民来往大陆通行证。

（2）外籍旅客的护照、外交部签发的驻华外交人员证、外国人永久居留身份证。

（3）十六周岁以下的中国大陆地区居民的有效乘机身份证件，还包括出生医学证明、户口簿、学生证或户口所在地公安机关出具的身份证明。

（4）民航局规定的其他有效乘机身份证件。

3. 查验客票流程

（1）检查旅客手持证件种类是否符合乘机要求、检查有效期。

（2）查验旅客证件是否与本人一致、是否和机票上姓名相符。

（3）在离港系统中提取旅客信息。若旅客乘坐国际航班，需检查证件是否符合有关国家的出入境规定。

（4）查验旅客客票的有效性，确认电子客票的状态为"OPEN FOR USE"，若该电子客票已被开为纸质客票或签转，应请旅客出示纸质客票，或指引其前往相应航空公司的乘机登记柜台，若已办理退款，则不得办理机手续。

二、座位安排

1. 座位安排原则

（1）座位安排应符合飞机载重平衡的安全要求，根据旅客所持客票的舱位等级按"先到先服务"的原则选择座位。当航班不满时，要兼顾机舱各区对飞机平衡的影响，尽量平均分布旅客。

（2）同行旅客应尽量安排在相邻座位上。

（3）重要旅客及各航空公司的高端会员座位尽量靠前安排，或在允许范围内尽量满足其要求。

（4）病残旅客、孕妇、无人陪伴儿童、盲人等需要特殊照顾的旅客应安排在靠近服务员、方便出入的座位，但不能安排在紧急出口旁边的座位。

（5）携带婴儿的旅客应安排在宽敞的座位。

（6）担架旅客一般安排在客舱尾部，避免其他旅客进出客舱时引起注意。

（7）犯人旅客应安排在经济舱最后一排，且不靠近紧急出口和不靠近窗的座位。押送人员必须安排在犯人旅客旁边的座位。

（8）联程航班旅客安排在靠近客舱出口的座位。

2. 紧急出口座位

紧急出口座位是指靠近紧急出口的座位。当飞机在遇到意外事故需要紧急撤离时，坐在紧急出口座位的旅客需要协助空乘人员，打开紧急出口舱门，放置好逃生滑梯或气垫，协助其他乘客逃生。因此，紧急出口座位的发放应谨慎安排。

三、收运行李

行李运输是旅客运输工作的重要组成部分，也是旅客出行是否成功的重要因素。收运行李工作是整个行李运输工作流程的第一道工序，是行李运输中最重要的工作环节。收运行李工作的好坏将直接影响整个行李运输工作的正常开展和行李运输的质量，因此，必须认真做好行李收运前的准备工作，严格遵守行李运输规定，加强复核交接，确保行李运输工作正常进行。

1. 收运行李的工作要求

（1）旅客必须凭有效客票托运行李，托运行李的目的地应该与客票所列明的经停地或目的地相同。

（2）检查行李的包装、体积和重量是否符合要求。如包装不符合要求应请旅客改善包装，如因时间或条件限制无法改善包装，旅客坚持要求运输，可视具体情况决定可否收运。收运时应拴挂免除责任行李牌，免去相应的运输责任。

（3）确认行李是否属于可运输范围，询问行李内有无夹带禁运、限制携带物品或危险物品。不属于行李范围内的物品，应按货物托运，不能作为托运行李。

（4）询问行李是否属于声明价值行李，是否需要旅客办理声明价值行李运输手续。

（5）行李过磅应准确，以免影响飞机的载重平衡。超过免费行李额的行李，应收取逾重行李运费，并填开逾重行李票。

（6）清除托运行李上的旧行李牌。

（7）将托运行李的件数和重量输入操作系统中。

2. 国内免费行李额

免费行李额是根据旅客所付运价、乘坐舱位等级和旅客乘坐的航线来决定的。

（1）持成人或儿童票的旅客免费行李额为头等舱 40 千克、公务舱 30 千克、经济舱 20 千克。

（2）不占座婴儿无免费行李额。

（3）构成国际运输的国内航段，每位旅客的免费行李额按使用的国际航线免费行李额计算。

3. 逾重行李费

旅客托运行李和自理行李的合计重量超过该旅客免费行李额规定的部分，称为逾重行李，旅客应当支付逾重行李费。逾重行李费是超过免费行李额的重量计算，重量以 1 千克为单位，不足 1 千克，应进整为下一个整数。国内航班逾重行李费率以每千克按经济舱票价的 1.5% 计算，金额以元为单位。

免费行李额的合并计算也称为合并行李。合并计算是指搭乘同一航班前往同一目的地的两个或两个以上同行旅客，如在同一时间、同一地点办理行李的托运手续，其免费行李额可以按照各自的客票价等级标准合并计算。

4. 拴挂行李牌

拴挂行李牌应位置适当且粘贴牢固，拴挂行李牌前与旅客再次确认行李交运目的地。头等舱、公务舱等旅客的交运行李除拴挂行李牌外，还须拴挂"优先等级"行李标志牌，重要旅客的交运行李还须拴挂"重要旅客"行李牌。对旅客托运的易碎物品还应粘贴易碎物品标签，便于装卸人员识别。常见的直达运输拴挂行李牌分为三联，其用途如下：

第一联：拴挂联，粘贴在托运行李把手上，便于识别。

第二联：集装箱联，粘贴在行李包装上，以防第一联丢失时仍能依据第二联核查行李。

第三联：行李领取联，粘贴在旅客登机牌上，供旅客在到达站时领取托运行李。

四、换发登机牌

值机柜台员在旅客办妥登机手续、托运完行李并付清有关费用后与旅客交接登机牌、行李牌及贵宾室邀请卡认领凭证等。持电子客票的旅客应查验登机牌上的 ET 标识及票号。值机员应双手递交登机牌，具体程序如下：

（1）与旅客再次确认航段、航班号、飞行时间、座位等信息。

（2）将旅客的身份证件及登机牌正面向上，双手递还机票。

（3）指引旅客航班的登机口并通知登机时间。

（4）预祝旅客"旅途愉快"，向旅客致谢。

（5）为头等舱旅客及其他高端旅客发放贵宾休息室邀请卡。

续表

五、值机柜台关闭

国内航班在航班计划起飞前 45 分钟停止办理值机手续，个别机场或特殊航班需提前 30 分钟或其他时限关闭柜台。

值机工作人员接收完所有旅客后，首先应在系统中将此航班做航班关闭操作；接着，按照工作号段统计当前航班的办理情况；然后统计航班的特殊旅客人数，与行李部门工作人员确认行李收运情况；最后清点各类票据，回收空白的登机牌、行李牌并关闭系统。

案例分析

11 月 6 日，某航空公司柜台一名旅客正在办理值机手续，这名旅客告知还有一名同行旅客正在赶来的路上，当时距离值机柜台关闭还有 10 分钟。这名旅客要求把另一位旅客的值机手续一起办理，值机工作人员告知旅客没有其身份证件，不能为其办理值机手续，但是这位旅客一直强调是同行的旅客，并告知姓名、航班号和身份证号等信息，要求一同打印登机牌。请问，作为值机柜台工作人员的你应该怎么处理？

任务实训

请结合"1+X 民航旅客地面服务职业技能等级证书"现场实操考试评价表，分小组进行角色扮演为旅客办理值机手续。

民航旅客地面服务职业技能等级证书
办理值机手续实操评价要点

评价项目	评价要点	分值
服务礼仪 （20 分）	妆面整洁、干净	2
	女士需盘发 / 短发，刘海不过眉 男士发型齐整，无鬓角、无胡须	2
	表情自然，保持微笑	4
	目光柔和，眼神交流自然	2
	站姿挺拔	2
	鞠躬规范	2
	手势运用自然、规范	4
	使用敬语、尊称	2

评价项目	评价要点	分值
普通话 （10分）	语音标准	5
	语言自然流畅	5
服务技能 （70分）	迎宾手势、使用敬语招呼旅客	2
	请旅客出示身份证件	2
	确认航班目的站及日期	2
	托运行李安保问询	5
	随身携带物品安保提示	5
	正确识读航班座位图，按旅客要求安排座位，将座位号填写在空白登机牌相应位置	8
	正确拴挂行李牌（识别联贴行李牌背面，保险联贴行李外包装，其余拴挂在行李把手上）	8
	将登机牌、行李牌、身份证件双手唱交旅客（圈选登机口、登机时间、座位号，并告知旅客，双手递牌）	4
	指示安检方向	2
	祝旅客旅途愉快	2
	处理特殊情况的能力（熟悉民航规定及标准、能够运用专业知识解决争议）	30

实操项目扣分表

序号	准考证号	服务礼仪 -20分	普通话 -10分	服务技能 -70分	其他 （超时扣20分，不超时不扣分）	总计扣分	得分
1							
2							
3							
4							
5							
6							
7							
8							
9							
10							

知识链接 ✎

特殊行李的运输

一、液态物品的运输

（1）不含酒精的液态饮品，如碳酸饮料、矿泉水、茶水、牛奶、酸奶、果汁等液态物品容积超过 100 毫升须托运。

（2）含酒精的液态饮品，每人允许携带零售包装的酒精饮料（酒精浓度大于 24% 且不超过 70%），装于不超过 5 升的容器内，净重不得超过 5 升。酒精浓度不大于 24% 的酒精饮料不受 IATA-DCR 限制，大于 70% 的酒精饮料禁止放入手提行李或托运行李内运输。除在隔离区购置的酒类包装完好，并可以出示购物发票外，旅客不得随身携带酒类（瓶装、罐装），但可将酒类托运。

（3）因特殊原因需要随身携带的液态物品，如患病旅客携带的液态药品，带有婴儿的旅客携带的婴儿饮用品等，经开瓶检查确认无疑后，可予携带。

（4）非放射性药用品或化妆品，如发胶、香水、香水及含酒精药品，每一旅客或机组人员所携带这类物品的总净重不得超过 2 千克或 2 升，每一单件物品净重不得超过 0.5 千克或 0.5 升。气溶胶释放阀门必须由盖子或其他适当的手段保护以防因疏忽而释放内装物，按照液态物品规定允许作为手提行李或托运行李运输。

二、锂电池运输的规定

内含锂电池的设备可置于托运行李或手提行李，备用锂电池仅能置于手提行李。锂电池作为行李运输的操作规范：

（1）适用范围。

个人自用的内含锂电池的电子消费品设备，如照相机、手机、手提电脑、便携式摄像机等，以及备用电池可以由旅客或机组成员置于随行行李中带上航空器。

（2）备用电池数量。

对于锂含量不超过 2 克的锂金属电池和额定能量不超过 100 W·h 的锂离子电池，携带用电池的数量应以旅客在行程中使用设备所需的合理数量为判断标准。对于额定能量在 100~160 W·h 的大型锂电池，在征得承运人同意，并做好保护措施后，每人携带备用电池的数量不得超过两块。对于额定能量超过 160 W·h 禁止携带。

（3）其他带锂电池设备。

根据 ICAO-TI 和 IATA-DGR 的特殊规定进行操作。

项目五 行李服务

任务一 | 行李运输的一般规定

任务描述 ✎

"五一"小长假的到来，致使各地游客纷纷出游，重庆江北国际机场人流量急剧增加，机场工作人员也繁忙起来，游客们带着大包、小包的行李在值机柜台前等待办理值机手续并进行行李托运，为保证行李运输工作正常高效地进行，作为机场托运行李的工作人员应该掌握哪些行李运输的规定呢？

任务目标 ✎

1. 能区分行李的类别。
2. 能判定不同旅客应享受的免费行李额。
3. 能正确计算旅客逾重行李费。
4. 能进行声明价值行李的办理。
5. 能培养学生人际交流与协作的能力。

任务探究 ✎

一、行李的定义及分类

1. 行李的定义

行李是旅客在旅行中为了穿着、使用、舒适或方便的需要而携带的必要或适量的物品和其他个人财物。

2. 行李的分类

承运人承运的行李，按照运输责任分为托运行李和非托运行李。

（1）托运行李。是指由旅客交由承运人负责照管和运输并填开行李票的行李。承运人在收运行李时，必须在客票行李栏内填写托运行李的件数和重量，并发给旅客作为认领行李用的行李识别联。

①国内航线托运行李的重量每件不能超过 50 千克，国际航线托运行李的重量每件不应超过相关国家 32 千克的特别规定。

②托运行李的体积每件不应小于 5 厘米 ×15 厘米 ×20 厘米，不能超过 40 厘米 ×60 厘米 ×100 厘米。每件行李的长、宽、高三边之和超过 203 厘米时，必须符合到达机场和续程承运人的有关规定。

③超过上述规定的行李，须事先征得承运人的同意才能托运。

（2）非托运行李。是指经承运人同意由旅客自行携带进入客舱负责照管的行李，非托运行李又可分为自理行李和随身携带行李。

①自理行李是指经承运人同意由旅客自行负责照管的行李。如易碎物品、贵重物品、外交信袋等特殊物品，可作为自理行李由旅客带入客舱内，并要求能放入行李架内或座位底下，不妨碍客舱服务和旅客活动。

②随身携带物品是指经承运人同意由旅客自行携带进入客舱的小件物品，是旅客在旅途中所需要或使用而携带的个人物品，如一定量的食品、书报、大衣、照相机等。

非托运行李的重量、件数或体积都有限制，超过限制的物品应作为托运行李托运。国内航空运输非托运行李重量、件数或体积规定如下表所示。

国内航空运输非托运行李规定

航空公司	重量限制	件数限制	体积限制
国航	头等舱、公务舱 8 千克 / 件	头等舱、公务舱 2 件	每件不超过 20 厘米 × 40 厘米 × 55 厘米
	经济舱 5 千克 / 件	经济舱 1 件	
东航	10 千克 / 件	头等舱 2 件	每件不超过 20 厘米 × 40 厘米 × 55 厘米
		公务舱、经济舱 1 件	
南航	5 千克 / 件	头等舱 2 件	每件长宽高之和 ≤ 115 厘米
		公务舱、经济舱 1 件	

二、免费行李额

免费行李额是根据旅客所付票价、乘坐舱位等级和旅客乘坐的航线来决定享受免费运输的行李重量。

1. 国内航线免费行李额

（1）持成人或儿童票的旅客免费行李额为：头等舱 40 千克、公务舱 30 千克、经济舱 20 千克。

（2）持婴儿票的旅客无免费行李额。

（3）行李重量超过免费行李额时，其逾重部分应按规定收取逾重行李费。

（4）行李的重量以千克为单位，不足 1 千克，应进整为下一个整数。

（5）构成国际运输的国内航段，每位旅客的免费行李额按使用的国际航线免费行李额计算。

（6）合并计算免费行李额是指搭乘同一航班前往同一目的地的两个（含）以上的同行旅客，在同一时间、同一地点办理行李托运手续时，其免费行李额可以按照各自的票价等级标准合并计算。

2. 国际航线免费行李额

乘坐国际航线的旅客，免费行李额一般分为：

（1）计重免费行李额。

①持成人或儿童票的旅客免费行李额为：头等舱 40 千克、公务舱 30 千克、经济舱 20 千克。

②持婴儿票的旅客无免费行李额。

（2）计件免费行李额。

①头等舱及公务舱旅客：每人可免费托运 2 件行李，每件三边之和不超过 158 厘米，

每件重量不超过 32 千克。

②经济舱旅客：每人可免费托运两件行李，每件三边之和不超过 158 厘米，但两件六边之和不超过 273 厘米，每件重量不超过 23 千克。

③按成人票价 10% 购票的婴儿旅客可免费托运 1 件行李，但三边之和不超过 115 厘米，另外还可免费托运全折叠的轻便婴儿车或婴儿手推车一辆。

不同航空公司免费行李额略有不同，具体参照各航空公司的规定执行。

三、逾重行李费

旅客托运行李和自理行李的合计重量超过该旅客免费行李额规定的部分，称为逾重行李，旅客应当支付逾重行李费。

1. 国内航班逾重行李费计算

在国内运输中，逾重行李重量以千克为单位，不足 1 千克，应进整为下一个整数；逾重行李运费以元为单位，小数点以后的数字均进至个位。逾重行李费率按填开逾重行李票之日所适用的公布直达单程成人最高普通经济舱票价的 1.5% 计算，保留两位小数。

每千克逾重行李费率 = 经济舱直达公布票价 × 1.5%

应收逾重行李费 =（托运行李的重量 – 适用的免费行李额）× 适用的逾重行李费率

例：某航段的经济舱票价为 750 元，某经济舱旅客托运的行李重量为 25 千克，计算其应收的逾重行李费。

逾重行李费 =（25–20）×（750×1.5%）=56.25（元）

2. 逾重行李操作流程

（1）值机柜台工作人员确认旅客行李超重，填开《逾重行李缴费通知单》，请旅客前往售票柜台支付逾重行李费。

（2）值机柜台工作人员计算逾重行李费，填开《逾重行李票》。

（3）旅客付费后回到值机柜台凭《逾重行李票》运输联和旅客联办理行李托运手续。

（4）工作人员收取运输联并上交财务部门。

3. 逾重行李票填开

国内逾重行李票由财务联、出票人联、运输联和旅客联构成。财务联为财务结算用；出票人联为出票人留存；运输联为运输逾重行李及航空公司之间结算用；旅客联为旅客提取逾重行李和报销的凭证。

四、声明价值的行李运输

根据航空运输规定，旅客托运的行李在运输过程中发生损坏、灭失时，承运人按照每千克最高赔偿限额赔偿。当旅客的托运行李的每千克实际价值超过承运人规定的每千克最高赔偿限额时，旅客有权要求更高的赔偿金，但必须在托运行李时办理行李声明价值，并付清声明价值附加费。办理过声明价值的行李，如在运输中由于承运人原因造成损失，承运人应按照旅客的声明价值赔偿。

1. 声明价值行李运输的主要规定

（1）每一位旅客的行李声明价值最高限额为人民币 8 000 元（国内运输）或 2 500 美元（国际运输）。行李的声明价值不得超过行李本身的实际价值，如承运人对声明价值有异议而旅客又拒绝接受检查时，承运人有权拒绝收运。

（2）属国内运输的托运行李每千克价值超过人民币 100 元时或属国际运输的托运行

李每千克价值超过 20 美元时，可办理行李声明价值。承运人应按旅客声明价值中超过最高赔偿限额部分价值的 5‰ 收取声明附加费。

（3）声明价值附加费以元为单位，不足元者应进整为元。

（4）当旅客申报价值为外币时，应按当日银行公布的买入价折算成人民币。

（5）非托运行李、小动物不办理行李声明价值。

（6）声明价值行李的计费重量为千克，不足千克者应进整，但实际重量应保留至小数点后 1 位。

（7）办理声明价值的行李重量不计入免费行李额内，应另外收费，即办理声明价值的行李应按照逾重行李收取逾重行李费。

（8）行李声明价值附加费的计算公式。

声明价值附加费 =（行李的声明价值 – 每千克最高赔偿额 × 声明价值行李的重量）× 5‰。

例：旅客谢某乘坐某航班自重庆至北京旅行，携带一件 3 千克的行李，申请办理声明价值 5 350 元，已知该航班经济舱客票票价为 680 元，该旅客需支付多少费用？

声明价值附加费 =（5 350–100 × 3）× 5‰ =25.25（元）

逾重行李费 =3 × 680 × 1.5%=30.6（元）

共计收费 =26+31=57（元）

2. 运输声明价值行李的注意事项

（1）办理声明价值的行李必须与旅客同机运出。

（2）在载重平衡表备注栏内须注明办理声明价值的行李件数、重量、行李牌号码和装舱位置。

（3）值机人员与装卸人员应严格办理交接手续。

（4）运出时应发电报通知到达站。

案例分析

旅客王丽携带一个行李箱、一个手提包、声明价值行李一件。乘坐 5 月 10 日南航 CZ6227 的航班从海南前往重庆，购买 Y 舱全价是 1 250 元。

行李箱重 25 千克，体积 20 厘米 ×40 厘米 ×5 厘米，手提包重 2 千克，体积 30 厘米 × 25 厘米 ×20 厘米声明价值行李 3 千克，价值 7 500 元。

任务实训

1. 请为旅客王丽办理行李的托运手续。

2. 计算该旅客应支付多少费用。

知识链接

特殊行李运输

旅客携带的行李物品如果超出行李的定义范围，在一般情况下，承运人可以拒绝运输。

但是，一些特殊行李物品经承运人同意，并按承运人要求，采取了适当措施或受一定条件限制后，可以作为行李运输，这些行李物品称之为特殊行李。

承运特殊行李必须符合国家的法律、法规、和承运人的运输规定，在确保飞行安全、人身安全和地面安全的前提下方可承运。

1. 不得作为行李运输的物品

不得作为行李运输的物品是指民航局规定不能在航空器载运和国家规定的禁运物品。

（1）易燃和有毒的压缩气体、腐蚀性物体（酸类、碱类）。

（2）病原剂（传染性细菌、病毒和带有活病原体的物质）。

（3）爆炸物（弹药、烟火、爆竹和照明弹）。

（4）易燃的液体和固体（引火器、加热器和燃料、火柴、易引起燃烧的物质）。

（5）氧化剂（漂白粉、过氧化物）。

（6）毒品（海洛因、鸦片）。

（7）有毒物品（氰化钾、砷、有毒农药、有毒化学试剂、灭鼠剂）。

（8）放射性物质（放射性同位素、含有放射性的医疗或研究样品）。

（9）磁性物质、可聚合物质等。

上述物品在任何情况下都不得作为行李运输或夹入行李托运，也不得作为非托运行李带进客舱。

承运人在收运行李前或在运输过程中，发现行李中装有不得作为行李或夹入行李内运输的上述物品，可以拒绝收运或随时终止运输。

2. 限制运输的行李物品

限制运输的行李物品是指旅客携带的某些行李物品，有可能危害人员和飞行安全或超出承运人的运输规定（如超过重量限制或超过体积限制），这些限制物品如采取一些必要措施或在特定的情况下，经承运人允许可以承运。

（1）非放射性药用或化妆用品（包括气溶胶）：每位旅客最多交运总量2千克（4.4 Ib）或2升（2qt）；其中每件物品不得超过0.5千克（1.1 Ib）或0.5L（1qt）。

注：气溶剂指供个人使用并且通过市场购买的如发胶、香水、科隆香水及含酒精药品。

（2）自行车一般应作为货物交运，如经过承运人同意，可作为托运行李托运时，应将车轮卸下，捆绑在车身上。

（3）固体二氧化碳（干冰）：每位旅客最多交运总量2.5千克（5 Ib）。

注：包装必须带有挥发泄口。

（4）小型非易燃气体钢瓶：每位旅客仅可携带1个这样的自动充气安全设备登机，另可携带2个备用气瓶。最多可携带4个为其他装置本备的液容积不超过50毫升的气瓶。

（5）含酒精（24%~70%）饮料：每人允许携带装于不超过5升的容器内，净重不得超过5升。

注：以上交运总量必须和其他含有酒精成分物品，如医用品、消毒剂等相加。

（6）小型医用水银计量表：个人使用，每位旅客可携带一支供个人使用的含水银的小型医用或临床用体温计，必须置于防护盒内，允许放入或作为托运行李。

（7）大闸蟹必须托运。

（8）重要文件、资料、外交信袋、证券、货币、汇票等贵重物品必须手提。

（9）旅客可以携带旅途所需的助听器、心脏起搏器等供人体功能使用的电子设备，也可以在空中使用。为了避免对飞机内电子领航器和通信设备发生干扰，旅客携带的手提无线电收发报机、电视机、收音机和手提电话等电力设备不得在起降过程中使用。

（10）旅客携带的利器，如菜刀、大剪刀、大型水果刀、工艺品刀、少数民族的佩刀、佩剑（不含凶器）以及一些容易被误认为凶器的物品等限制物品应放入托运行李内托运。

（11）自 2007 年 5 月 1 日起，中国民航总局为确保航空安全参照国际民航组织的标准对旅客携带液态物品乘机制定了更为严格的规定：

①乘坐中国国内航班的旅客，每人每次可随身携带总量不超过 1 升的液态物品（不含酒类），超出部分必须交运。液态物品须开瓶检查确认无疑后，方可携带。

②乘坐从中国境内机场始发的国际、地区航班的旅客，随身携带的液态物品每件容积不能超过 100 毫升。盛放液态物品的容器，应置于最大容积不超过 1 升的、可重新封口的透明塑料袋中。每名旅客每次仅允许携带一个透明塑料袋，超出部分应交运。盛装液态物品的透明塑料袋须单独接受安全检查。

③来自境外需在中国境内机场转乘国际、地区航班的旅客，携带液态物品也必须遵守上述规定。另外其携带入境的免税液态物品必须盛放在袋体完好无损、封口的透明塑料袋中，并需出示购物凭证。

④在中国境内乘坐民航班机，酒类物品不得随身携带，但可作为托运行李交运。酒类物品的包装应符合民航运输有关规定。

⑤有婴儿随行的旅客携带液态乳制品，糖尿病或其他疾病患者携带必需的液态药品，经安全检查确认无疑后，可适量携带。

⑥由于日本等国家、中国香港等地区已实施国际民航组织的新措施，民航局特别提醒需要在国外、境外转机的旅客，如果在候机隔离区免税店、机上免税店购买免税液态物品，应索要符合要求的塑料包装袋，旅行中不要自行拆封，并一定要保留登机牌和液态物品购买凭证，以备转机地有关人员查验，否则免税液态物品有可能在转机接受安全检查时被没收。

3. 小动物的运输

家庭驯养的狗、猫、家禽、小鸟和属观赏之类的其他小型温驯动物，经承运人同意可以作为托运行李。野生动物、具有怪异形体和易于伤人等特性的动物不得作为托运行李。

4. 占座行李

旅客在客舱中占用座位放置的行李（如易碎、贵重物品等）被称为占座行李，旅客通过支付额外机票费用获得占座行李。每一占座行李的重量不得超过 75 千克，长宽高不得超过 40 厘米 ×60 厘米 ×100 厘米。占座行李不得安排紧急出口座位。

5. 轻泡行李

轻泡行李是指每千克体积超过 6 000 立方厘米的行李，也称为低密度行李，此类行李以每 6 000 立方厘米折合 1 千克进行计算。

任务二 | 行李运输的流程

任务描述

某航空公司值机柜台工作人员李明正在为旅客们办理值机手续，值机柜台前排着数十名旅客正在等候，他们手里都提着各式各样的行李，估计都是想办理行李托运，李明在办理行李收运时，应按照怎样的流程进行办理才能避免行李运输差错事故的发生呢？

任务目标

1. 能描述行李的包装要求。
2. 能为旅客办理行李收运流程。
3. 能说出行李服务的整个运输流程。
4. 能培养学生较强的规范意识和安全意识。

任务探究

一、行李的包装

行李包装在保证行李运输质量和飞行安全中起到非常重要的作用，因此承运人对旅客的行李包装要求制定了具体的规定。在收运行李时应严格检查行李包装，对不符合包装要求的行李，应要求旅客改善行李包装或拒绝收运。

1. 托运行李的包装要求

托运行李必须包装完善、锁扣完好、捆扎牢固，能承受一定压力，能保证在正常的操作条件下安全装卸和运输，并符合下列条件：

（1）行李箱、行李袋、手提包等必须加锁。

（2）两件以上的行李包件不能捆为一件。

（3）行李包装上不能附插其他物品。

（4）竹篮、网兜、草绳、草袋等不能作为行李的外包装物。

（5）行李包装内不能用锯末、谷壳、草屑等作衬垫物。

（6）行李上应写明旅客的姓名、详细地址、电话号码。

2. 非托运行李的包装要求

由旅客带入客舱的非托运行李，虽然由旅客自行照管，但承运人对其包装仍有具体的要求，规定其应符合下列条件：

（1）竹篮、草绳、网兜、草袋等不能作为行李的外包装物。

（2）外包装整洁，不容易渗溢，没有污染。

（3）运动器材、乐器等要求有外包装。

（4）外交信袋、银行特别用箱等必须加有封条。

二、行李的收运

1. 行李的收运流程

（1）值机柜台工作人员首先应询问旅客是否有托运行李。使用礼貌用语询问，对需要帮助的旅客帮其将行李搬放至行李传送带上。

（2）确认旅客托运的行李是否符合运输标准，如有需要作为免责行李运输。具体要求如下：

①检查行李包装是否完好。

②撕掉行李上拴挂的旧行李牌。

③检查行李的包装、体积、重量是否符合规定。

④询问行李内是否有违禁物品。

⑤询问是否有声明价值行李。

（3）行李称重。如果旅客行李超过免费行李额的规定标准，则开具《逾重行李缴费通知单》，请旅客付费后再继续办理行李托运手续。

（4）在离港系统中确认旅客姓名，输入托运行李件数和重量。

（5）打印登机牌和行李牌，核对行李牌上的件数及目的地是否与系统信息一致。

（6）拴挂行李牌。

（7）手动或脚踏启动安检开关，将行李送入 X 光机，若安检灯亮起，旅客则需根据安检要求进行开包检查。

2. 行李收运的注意事项

（1）旅客的行李一般应在旅客办理乘机手续时收运。如果团体旅客的行李过多或因其他原因需要提前交运时，可以和旅客约定时间、地点收运。

（2）了解行李的内容是否属于行李的范围，有无夹带禁运物品、限制携带物品或危险物品。

（3）在收运行李时，要向旅客宣传办理行李声明价值的有关规定，是否办理声明价值，由旅客自己确定。

（4）托运行李必须经过安全检查后方可收运。

（5）乘坐国际航班的旅客，其托运行李必须事先办妥海关手续方可收运。

3. 行李牌及行李标贴

（1）行李牌。是承运人运输行李的凭证，也是旅客领取行李的凭证之一。行李牌按用途可分为直达运输行李牌和联程运输行李牌两种；按式样可分为粘贴式和拴挂式。粘贴式的行李牌是目前承运人使用最多的一种，能有效防止行李牌脱落。

①直达运输行李牌：适用于在一个航班班机上运输的托运行李。

②联程运输行李牌：适用于在两个以上航班运输的托运行李。但在下列情况下不能使用：某些国家或某些机场不办理行李联运；在某些机场，旅客需提取托运行李办理海关手续。

（2）"重要旅客"行李牌（VIP）。重要旅客的托运行李，除拴挂行李牌外还应拴挂"重要旅客"行李牌，以保证重要旅客的托运行李安全、快速地运达目的地并立刻交给旅客。

（3）"优先等级"行李标志牌。针对乘坐头等舱、公务舱及高端会员旅客和在经停站立即转换飞机的中转旅客的托运行李，除拴挂行李牌外还应拴挂"优先等级"行李标志牌，后装先卸，装在货舱门口处，以便提高运输服务质量。

（4）易碎物品标签。对旅客托运的易碎物品，除拴挂行李牌外还应粘贴易碎物品标签，便于卸载人员识别，在装卸时注意轻拿轻放，确保行李运输质量。

（5）速运行李牌。当行李发生迟运或错运时，为保证尽快将行李运往旅客目的地，承运人运送该行李时应使用速运行李牌。

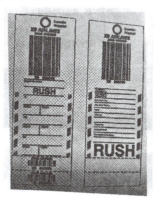

（6）免除责任行李牌。在收运行李时，发现下列情况之一应拒绝收运，如旅客坚持托运，则必须拴挂免除责任行李牌，免除承运人相应责任。

①精密仪器、易碎物品或包装不符合要求。

②柜台关闭后收运的行李。

③行李有破损。

④无锁或锁已失效。

⑤鲜活物品或动物。

⑥行李超重或超大。

值机员在填写免除责任行李牌时应根据具体情况，在不符合条件的框内打"×"，若有行李破损，需标出破损的位置及破损情况，并请旅客进行签字确认。承运人对免除责任行李牌打"×"的部分发生损失不承担责任，而除此之外的其他项目发生损失，承运人仍应承担相应责任。

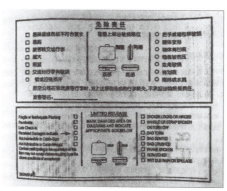

三、行李的运载

（1）旅客的托运行李，应与旅客同机运送，如旅客未能乘机或取消旅行，应卸下该旅客的托行李。

（2）旅客托运的行李一般应随旅客同机运出，如果逾重行李过多，受载量条件限制无法做到同机运出，应向旅客说明，优先安排在载量允许的后续班机上运出，并将行李重量、件数、行李牌号发电报通知到达站。

（3）旅客的逾重行李在其所乘飞机载量允许的情况下，应与旅客同机运送。如载量不允许，而旅客又拒绝使用后续可利用航班运送，航空公司可拒绝收运旅客的逾重行李。

四、行李的卸载

（1）大型飞机应按值机配载指定的舱位装机。装卸人员不得随意变更舱位。装机时如与货物同装一个货舱，应先装货物，后装行李；卸机时应先卸行李，后卸货物。

（2）装卸行李必须根据有关业务单据（如装机单、卸机单等）进行作业，认真检查核对，负责装卸作业的班长、组长清点核对后，应在单据上签字。如实际装机数与装机单上的数量不符，应立即与有关人员联系，卸机时如数量不符或发现破损时，应及时作出事故签证。对经停本站的班机，要防止错卸、漏卸。

（3）装卸飞机要准确、迅速，不能因装卸飞机而影响正常飞行。出发班机必须要在航班规定离站时间前完成装机作业，要挂好网，关好舱门。在班机的抵达站，装卸人员应按时到达岗位，以保证行李能按时交付旅客。

（4）在下雨天作业时，要使用有篷卡车或苫布将行李盖好，防止行李被雨水淋湿；在夜间作业时，要有照明设备。

（5）装卸行李的车辆要注意行驶安全，场内行驶不得开快车，装卸行李的车辆要与飞机保持一定的距离，使用卡车时必须使用轮挡，以免碰撞飞机。

五、行李的退运

旅客的托运行李由承运人收运后，由于某种原因要求退运，可按照以下规定进行办理。

（1）旅客在始发站要求退运行李，必须在行李装机前提出，如旅客退票，已收运的行李也必须同时退运。

（2）旅客在经停地退运行李，除时间不允许外可予以办理，但未使用航段的已收逾重行李费不退。

（3）办理声明价值的行李退运时，在始发地退还已交付的声明价值附加费，在经停地不退已交付的声明价值附加费。

（4）由于承运人原因，安排旅客改乘其他航班时，行李运输应随旅客做相应的变更，已收逾重行李费由承运人多退少补，已交付的行李声明价值附加费不退。

（5）其他行李退运情况按照具体航空公司的有关规定进行办理。

六、行李的交付

行李到达目的地机场后，应准确迅速地交付行李，尽量缩短旅客等候的时间，在交付行李时应注意以下事项：

（1）准确核对，防止错拿。交付行李时，航空公司需核对旅客行李牌识别联与行李上拴挂的行李牌号码是否一致。

（2）交付行李时应请旅客当场查看，如旅客没有提出异议，承运人即解除运输责任。

（3）旅客遗失行李牌识别联，应立即向航空公司挂失。旅客如提出适当证明，经认可并在旅客出具收据后，将行李交付旅客。

（4）如行李牌脱落，为防止差错，应由旅客自行辨认后再采取核对重量、名牌以及行李内容等方法进行确认。经确认后，可交付给旅客，并收回提取行李牌识别联。此项工作一般可在到达行李交付完毕后进行。

（5）交付行李时，可根据需要请旅客交验客票。如旅客不能交验有效客票，可拒绝交付行李。

案例分析

10月9日，张先生购买A航空公司航班，从沈阳市桃仙机场飞往国内B国际机场，其将价值35万元的野山参放置在行李箱内交付A航空公司进行托运，但托运时未报行李箱内装载的行李内容，也未申报价值。航班抵达B国际机场后，张先生未领取到其装有野山参的行李，随即向A航空公司和B机场公司申报行李运输事故，并向机场公安机关报案。后经公安机关追查，查明由于张先生的行李箱与其他旅客的行箱相似，被其他旅客错拿，公安机关随后将其行李箱追回。张先生主张该行李箱内的野山参已经变质，不具备药用价值且缺损1斤，遂提起诉讼，要求A航空公司和B机场公司按购买合同的价值赔偿野山参价款35万元及采购人的住宿费4 500元。张先生最终获得胜诉并得到赔偿。

任务实训

1. A航空公司和B国际机场各自存在哪些问题？
2. 在旅客到达目的地后，行李交付时应注意哪些事项？

知识链接

折叠轮椅/电动轮椅的收运和处理

折叠轮椅、电动轮椅是行动不便的旅客旅行中使用的助步工具。折叠轮椅、电动轮椅必须作为托运行李运输。电动轮椅是靠蓄电池来提供动力的，电池内的溶液具有很强的腐蚀性。电动轮椅在办理托运时，必须符合下列条件：电池必须断路，两极用胶带包好以防短路，并牢固地附于轮上；轮椅两侧贴上"向上"标识，以避免倒置；轮椅在装卸过程中始终保持直立，并应在货舱内进行固定，以防滑动。

经航空公司同意并事先安排的在上下机过程中使用自带轮椅的旅客（如团体轮椅旅客），其轮椅按下列办法处理：

（1）待旅客登机使用完轮椅时，在登机口收运轮椅。
（2）收运轮椅应拴挂行李牌，并将行李牌的识别联交付旅客。
（3）将收运的轮椅装入货舱门口位置。
（4）到达站应首先将托运的轮椅卸下，运至登机口，供旅客下机时使用。
（5）收运上下机使用的自带轮椅应填写"特殊行李通知单"，并通知机长。
（6）应将轮椅的收运情况通报给有关部门（如配载等），以便向经停站和到达站拍发电报。

任务三｜行李的不正常运输

任务描述

6月5日，陈女士乘坐某航空公司航班从上海到成都出差，下飞机后立即到达行李盘等待行李，当该航班所有行李都已交付完成后，陈女士却没有看到自己的行李箱，此时焦急万分，立即找到机场工作人员要求处理，如果你是机场工作人员，应如何处理此事呢？

任务目标

1. 能描述行李查询的基本流程。
2. 能判断不正常运输的类别并进行相应的处理。
3. 能培养学生理解、分析、处理问题的能力。

任务探究

在行李运输过程中，由于工作人员的疏忽、机械或其他原因造成的运输差错事故称为不正常情况的行李运输，包括错装、错卸、漏装、漏卸、丢失、破损等。

行李运输事故记录（PIR），它是少收行李、多收行李、行李破损及行李内物丢失等行李运输不正常情况的原始记录，也是行李查询与赔偿工作的依据。

国际行李询部门（LL）是负责处理国际行李不正常运输工作的部门；国内行李查询部门（LN）是负责处理国内行李不正常运输工作的部门。一些航空公司还设有专门的行李查询中心（LZ），协助各地查询及处理本航空公司的行李查询工作和行李赔偿工作。

一、行李查询基本流程

行李查询基本流程如下图。

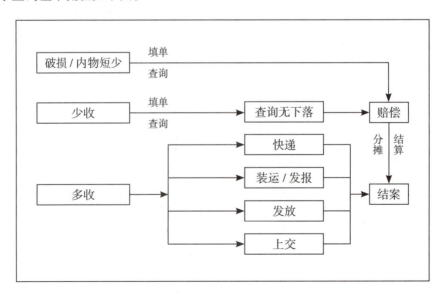

二、行李不正常运输的类别和处理

行李不正常运输的类别和处理流程

不正常类别	定义	流程
少收行李 （AHL）	航班到达站无法将应随旅客同机运达的托运行李交付给旅客	1. 进行本站查询； 2. 查验旅客客票和行李牌识别联； 3. 弄清少收行李的特征； 4. 查看多收行李记录、外站发来的多收行李和运送行李电报； 5. 填写"行李运输事故记录单"； 6. 登记"少收行李处理登记"本； 7. 拍发有关少收行李查询的电报； 8. 根据情况请旅客填写遗失物件问卷； 9. 根据规定支付旅客临时生活用品补偿费； 10. 主动联系旅客，告知查询进展； 11. 少收行李到达后应及时联系旅客并交付，若长时间未找到，开始进入理赔阶段
多收行李 （OHD）	每一次航班行李交付工作完毕后，仍无人认领的行李	1. 填写"多收行李处理登记"本； 2. 检查行李外包装，称重、上铅封并入库； 3. 展开查询； 4. 拍发多收查询的电报； 5. 安排交付旅客； 6. 检查行李内物品的查找信息； 7. 妥善处理鲜活易腐物； 8. 退回外航或始发站行李； 9. 上交行李； 10. 在相应的"多收行李处理登记"本上销号
速运行李 （FWD）	行李发生不正常运输后，航空公司迅速安排航班将其运送到行李目的地的运输	1 安排最合适的航班； 2. 检查包装、核对重量、办理海关手续等； 3. 填写、拴挂速运行李牌等运输手续； 4. 登记"行李转运记录"本； 5. 通过拍发业务电报，电话告知特殊情况等方式联络外站
行李破损 （DPR）	旅客的托运行李在运输过程中，行李外部受到损伤或行李的外部形状改变，因而使行李的外包装或内装物品的价值受到损失	1. 进行本站查询； 2. 查验有关票证； 3. 看行李的破损/内物短少情况； 4. 填写"行李运输事故记录单"； 5. 了解旅客的索赔要求，根据情况请旅客填写旅客行李索赔单或遗失物件问卷； 6. 直接赔偿或查询后办理赔偿； 7. 拍发 DPR 电报； 8. 关闭案件
内物短少	旅客的托运行李由于破损或其他原因而造成行李内部分物品的遗失	
旅客遗留物品 （LOST）	包括旅客遗留在飞机上或到达大厅内的非托运行李	收到此类物品后，工作人员应及时将有关信息登记在限制品、遗留物品登记表上，并尽力查找、联系旅客以取回物品，对于长期无人认领的物品，亦应上交处理
错拿行李	旅客错拿其他旅客的行李，造成的行李问题	1. 对于错拿旅客遗留在本站的行李，应妥善保管并尽量根据行李上的信息寻找旅客以换回行李； 2. 对于错拿旅客送回的行李，应称重并查看该行李的外包装是否完好；请旅客填写错拿行李报告，同时联系少收行李的旅客以尽快交换行李

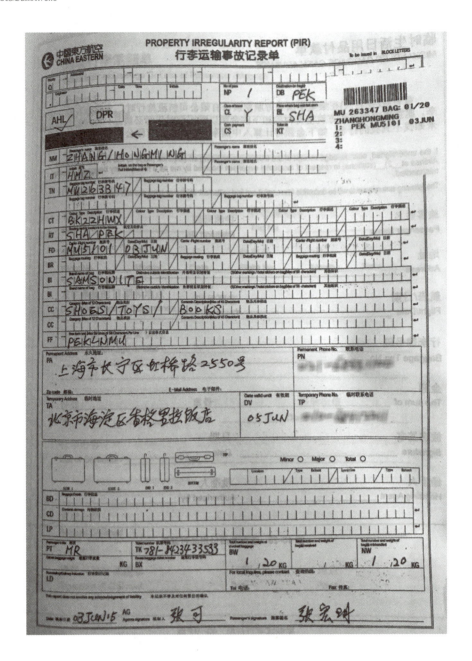

案例分析

　　旅客王女士乘坐某公司航班到达目的地后，由于旅途相当疲惫，匆匆忙忙提取随机托运的两件行李后，便赶赴回家。次日，旅客发现其中一个行李箱损坏比较严重，为此，立即致电行李查询部反映了相关情况，并认为既然行李已委托公司承运，该公司就应对其完好性负责任，所以应按行李箱的实际价值予以赔偿。

任务实训

　　分析旅客王女士的要求是否合理？有何依据？

知识链接 ✐

遗失或遗留自理行李、随身携带物品的处理

自理行李、随身携带物品是指经承运人同意由旅客自行负责照管的行李物品。这些行李物品的遗失不属于承运人的运输责任范围，但承运人可根据旅客供的情况和线索，协助旅客查找。找到后，通知旅客前来提取。旅客遗留的自理行李、随身携带物品应尽快找到失主，一时无法找到失主，应交由行李查询部门保管和处理。

一、遗失自理行李和随身带物品的处理

（1）根据旅客提供的情况和线索，协助旅客查找。

（2）与有关的机务人员、乘务人员、机上清洁人员、候机室服务人员和海关、安检、边防部门联系。

（3）请旅客留下姓名、地址、遗失物品名称、数量、牌号及型号等。

（4）不填写"行李运输事故记录单"，但要根据旅客提供的情况做好登记。

（5）向有关站发查询电报。

二、遗留自理行李和随身携带品的处理

（1）旅客遗留的物品应交由行李查询部门保管和处理。

（2）做好交接手续，进行编号、登记、拴挂多收行李记录卡、过磅，并上铅封库。

（3）查看物品，并对其内容列出清单。如果发现失主姓名、地址，应通知失主认领。

（4）向有关站拍发多收行李电报。

（5）有关站回电或来电查询，应认真查对，并将遗留行李物品按多收行李处理。如找到失主，应将遗留的行李物品拴挂速运行李牌运送到离失主最近的航站。

（6）如果找不到失主，旅客遗留的行李物品保管90天后，作为无法交付行李处理。但鲜活易腐物品不受上述时间限制，可根据具体情况经请示领导后及时处理。

（7）代理其他承运人的班机上发现旅客遗留的行李物品，可转交其承运人驻本站代表处理。

任务四｜行李赔偿

任务描述 ✐

女士于一月前在成都机场丢失的行李迟迟未找到，甚至影响了她出差这段时间所需的生活用品及重要资料，很是不满。此时，航空公司工作人员王静联系到陈女士告知她的行李没有找到，将对陈女士进行行李赔偿，王静如何能顺利地完成此次行李赔偿呢？

任务目标 ✐

1. 能初步区分行李赔偿责任。

2. 能正常进行行李赔偿的处理。

3. 能培养学生认真、仔细的工作态度。

任务探究

一、行李赔偿的责任

1. 承运人的责任

（1）旅客交运的行李在运输过程中发生丢失、破损、短少或延误等差错事故，承运人应负赔偿责任。

（2）如行李丢失只是全部交运行李的一部分，不管丢失部分价值如何，只能按照该部分丢失的重量在全部行李重量中的比例承担责任。

（3）承运人交付行李时，如果旅客没有对行李的完好性提出异议，并未填写"行李运输事故记录"或"破损行李记录"，承运人一般不负赔偿责任。

（4）对于逾重行李的逾重部分，如旅客未付逾重行李费，承运人对该部分不负赔偿责任。

2. 旅客的责任

（1）旅客未遵守国家的法律、政府规章、命令及民航运输的有关规定。

（2）行李内装有按规定不能夹入行李运输的物品。

（3）由于旅客原因，造成民航或其他旅客的损失，应由造成损失的旅客负责。

3. 免除责任

由下列情况造成行李的损失，除能证明是航空公司的过失外，否则航空公司一般不负赔偿责任。

（1）因自然灾害或其他无法控制的原因。

（2）包装方法或容器质量不良，但从外观上无法观察发现。

（3）行李本身的缺陷或内部物品所造成的变质、减量、破损、毁灭等。

（4）包装完整，封志无异状，而内件短少、破损。

（5）旅客的自理行李、随身携带物品等非托运行李。

二、行李赔偿的程序

（1）确认无法找到行李或无查询结果时，首先寄致歉信件通知旅客行李查询结果，然后要求旅客填写内物调查表和行李索赔单，准备好机票、身份证明的复印件，行李运输事故记录或破损行李记录的原件，提出赔偿要求，声明价值行李和逾重行李还应出具声明价值附加费和逾重行李费的收据。

（2）旅客收到并回复后，复印所有文件及来往的查询电报。

（3）重新复核旅客姓名、免费托运行李额、合并托运行李人数、托运行李总件数和总重量，收到行李件数及重量、逾重行李费或行李声明价值等信息。

（4）计算出应该赔偿的金额，向航空公司行李询中心通报行李赔偿意见和赔偿金额。

（5）填制行李赔偿费收据，通知旅客取款日期和安排取款事宜。

（6）扣除已支付旅客的临时生活费，向旅客支付赔偿金额，请旅客在行李赔偿费收据上签字，将旅客所持的行李运输事故记录等凭证收回。

（7）.办理行李损坏赔偿时，应尽可能在旅客提出索赔的当时赔款解决，一般采用先修复后赔偿的原则处理，赔偿金额以航空公司的损坏赔偿标准为准。

（8）已赔偿的旅客的丢失行李找到后，承运人应迅速通知旅客领取，旅客应将自己的行李领回并退回全部赔款，临时生活用品补偿费不用退。

三、行李赔偿的计算

（1）符合国内运输条件的行李，每千克行李最高赔偿100元。

赔偿金额＝（行李票注明的托运行李重量－实际收到的行李重量）×100

（2）行李票未注明托运行李重量的，按下列方法估算：

根据旅客乘坐舱位等级和身份，参照托运行李起始航班所享受的最大免费行李额确定行李托运总量。

（3）以上所有计算出的赔偿数额，与旅客按申报丢失内容实际价格索赔价额相比较，取低额进行赔偿。

（4）行李赔偿时，旅客已支付的逾重行李费需退还旅客。如旅客办理了声明价值，赔偿金额以声明价值为限，逾重行李费退还旅客，但所付的声明价值附加费不退。

（5）旅客的非托运行李丢失或破损，承运人一般不承担责任，除非能证明是由于承运人原因造成其损失，承运人承担的最高赔偿金额为每位旅客不超过人民币3 000元。

（6）构成国际运输的国内航段，行李赔偿按适用的国际运输行李赔偿规定办理。

案例分析 ✎

旅客林先生乘坐飞机遗失一件重1.8千克、装有贵重物品的托运行李，为此将航空公司告上法庭，要求赔偿各项损失近10万元。林先生一家搭乘某航空公司航班由济南飞往上海。到达虹桥机场后，刘先生发现托运的四件行李中，一个装有贵重物品的纸箱不见了，遂办理了行李遗失登记手续。在之后与航空公司交涉的过程中，双方发生纠纷，林先生向法院提起诉讼。林先生认为，航空公司没有积极查找遗失行李，并对其查看监控视频的要求进行搪塞，在事发一周后才派人陪他向机场派出所报案，以致无法提供相关视频导致警方不予立案。

林先生主张，遗失的纸箱内存有价值6万余元的名贵手表和金银饰品，另有2万元的借据以及学历证明等重要证件，要求航空公司赔偿上述经济损失及补办证件发生的差旅费、误工费1.9万余元，共计近10万元。航空公司不同意林先生的诉讼请求，辩称林先生将贵重物品和重要证件放入一次性使用的纸箱打包托运做法不妥，真实性存疑。法院经两次公开开庭审理对案件做出一审判决：被告航空公司应按每千克100元的行业标准，赔偿原告林先生180元；驳回林先生其余诉讼请求。

任务实训 ✎

1. 在此案例中，法院判决的主要依据是什么？

2. 对于携带贵重物品的旅客，你认为应该如何处理？

知识链接 ✎

临时生活用品补偿费

临时生活用品补偿费是指因承运人原因造成旅客托运行李未能与旅客同机到达，使旅客的生活发生不便，承运人应根据实际情况在经停地或目的地等候行李期间，向旅客一次性支付的临时生活用品补偿费，作为购买洗漱用具和换洗衣裤等生活用品的费用。

（1）一次性发给旅客的临时生活用品补偿费一般标准为人民币 100 元，承运人也可参照当地物价做出本航空公司的补偿费标准。

例如，中国东方航空公司关于临时生活用品补偿费的规定如下：

国际航班：头等舱旅客—人民币 500 元；公务舱旅客—人民币 400 元；经济舱旅客—人民币 300 元。

国内航班：头等舱旅客—人民币 300 元；公务舱旅客—人民币 200 元；经济舱旅客—人民币 100 元。

（2）支付临时生活用品补偿费时，应填写"日用品补偿收据"，请旅客签收；旅客联交给旅客；存根联附在"行李运输事故记录"上；财务联作为报销凭证交财务部门。在"行李运输事故记录"上注明已付临时生活用品费金额。

（3）办理托运行李丢失赔偿时，应扣除已付的临时生活用品补偿费。如果丢失的托运行李已找到，旅客不需偿还临时生活用品补偿费。代理其他航空公司处理行李不正常运输时，除非与承运航空公司有协议外，一般不代其支付临时生活用品补偿费，而是请旅客直接与承运人联系。

项目六　旅客、航班运输不正常的服务

任务一｜旅客运输不正常的服务

任务描述

又是一个美好的周末，小张提前买好了由重庆前往北京的机票，到达机场办理值机手续时被告知由于航班"超售"，小张需要乘坐后续航班前往目的地。小张很是不理解，为什么明明自己买了机票却不能如约坐上飞机，要求机场作出相关解释并给予妥善处理。作为地面服务人员的你将如何处理呢？

任务目标

1. 掌握旅客运输不正常情况的分类。
2. 理解误机、漏乘、错乘的区别。
3. 熟练处理因旅客运输不正常出现的问题。

任务探究

班能够准点、安全起飞到达目的地是旅客和工作人员的共同心愿。在实际运输中难免会出现一些不正常的运输情况，导致未能如期完成客票上所列的航程，当面对这些不正常的运输情况时，地面工作人员需要向旅客说明原因并进行妥善处理。

一、旅客运输不正常的情况分类及概念

（1）误机。是指旅客未按规定的时间办妥乘机手续或因旅行证件不符合规定未能搭乘上指定的航班。

（2）漏乘。是指旅客在始发站办理乘机手续后或在经停站过站时未能搭乘上指定的航班。

（3）错乘。是指旅客乘坐了不是客票适用乘机联上列明运输地点的航班。

（4）登机牌遗失。

（5）无票乘机。

（6）航班超售。是指航空公司实际的订座数超过了该航班本身所具有的实际座位数。

（7）旅客拒绝登机。是指旅客在办理乘机手续后至航班开始登机时或者旅客本人登机后拒绝乘机，自愿取消航程。

二、旅客运输不正常情况处理

1. 误机旅客的处理

（1）旅客如误机，应到原购票地点办理客票变更或退票手续。

（2）旅客误机后，如改乘后续航班，在后续航班有空余座位的情况下，承运人应积极予以安排，不收误机费（团体旅客除外）。

（3）旅客误机后，如要求退票，承运人应按规定收取误机费。

（4）因承运人原因造成旅客误机，应向旅客表示歉意，并安排后续航班。旅客要求退票，按非自愿退票处理，退还全部票款。

（5）旅客误机后，如改乘后续航班，应在客票"票价计算"栏加盖"误机NOSHOW"的印章，并注明误机时间。

2. 漏乘旅客的处理

（1）由于旅客原因造成的漏乘。

①始发站漏乘：按照误机相关规定处理。

②经停站漏乘：不能改乘后续航班，按自动终止旅行处理。

（2）由于承运人原因造成的漏乘。

①承运人应尽早安排旅客乘坐后续航班，并按照相关规定承担漏乘旅客等候后续航班期间的膳宿费用。

②如旅客要求退票，始发站退还全部票款、经停站退还未使用航段票款，均不收取退票费。

3. 错乘旅客的处理

（1）由于旅客原因造成的错乘：承运人应安排旅客搭乘最早的航班前往目的地，票款不退不补。

（2）由于承运人原因造成的错乘。

①承运人应尽早安排旅客乘坐后续航班。

②如旅客要求退票，始发站退还全部票款、经停站退还未使用航段票款，均不收取退票费。

4. 登机牌遗失旅客的处理

（1）值机人员核验客票和旅客本人及其身份证件是否一致。

（2）确定该旅客已办理完乘机手续后，按原先座位重新补发新登机牌。

（3）登机时，遗失登机牌旅客最后登机。

5. 无票旅客的处理

（1）未满两周岁的婴儿无票乘机，应按照婴儿票价补收票款。

（2）成人或儿童无票乘机，在始发站发现，应拒绝其乘机；在到达站发现，加倍收取自始发站至到达站的票款。

6. 航班超售旅客的处理

超售原因：主要是因为有些旅客定了票不来乘机，或者在离起飞时间很近的时间取消定座从而造成航班座位虚耗。通过超售，配载比例将被提高，从而降低费用。

（1）收到座位控制部门航班超售预报后，应对预计超售的航班制定处理预案。

（2）超售航班办理乘机手续时，应采用逐一核对姓名接收旅客的方式进行登记。

（3）当较低舱位等级座位发生超售而较高舱位等级有余座位时，可根据逐级升舱的原则按非自愿升舱将较低舱位等级的旅客安排在较高舱位等级的座位上。

（4）对待航空企业职员免折票的旅客，在航班预计出现超售时，应根据情况暂缓办理乘机手续。

（5）当客舱所有舱位无余座时，寻找自愿放弃座位的旅客，航空公司根据相关规定给予旅客一定补偿。

（6）当客舱所有舱位无余座，无自愿放弃座位的旅客时，根据优先登机原则，拒绝部分旅客登机，根据相关规定给予拒绝登机旅客一定补偿。

（7）优先安排最早可利用的后续航班保障旅客尽快成行。

（8）如所安排的后续航班为次日航班时，应免费为旅客提供膳宿。

7. 拒绝乘机旅客的处理

（1）在登机前拒绝登机，应取出客票乘机联；找回并退还旅客托运行李，收回行李识别联；修改旅客登机记录和随机业务文件，放行飞机；旅客客票按照自愿退票办理。

（2）过站旅客拒绝登机，按自动终止旅行处理，未使用航段票款不退回。

案例分析 ✐

由重庆前往北京的 CZ8818 航班，出现了"超售"的情况。现在有 3 位乘客无法按照票面信息登机，乘客 1、2 持有公务舱客票，乘客 3 持有航空公司内部折扣票。由于头等舱有 1 名旅客临时取消行程，现在客舱还剩下 1 个头等舱、1 个经济舱的座位。请问你将如何妥善安排本次航程呢？

任务实训 ✐

分小组进行角色扮演，解决因旅客运输不正常情况出现的问题。

知识链接 ✐

非自愿变更舱位

当航班某一舱位确实发生超售时，在其他舱位至航班结载仍有空余座位时，可采用非自愿变更舱位等级操作为超售旅客安排座位。

1. 非自愿由低等级舱位变更至高等级舱位

（1）采用逐级升舱的方式，即 Y 舱升 C 舱，C 舱升 F 舱。

（2）升舱后的旅客不享受高等级舱位的免费行李额和地面服务标准，不享受高等级服务标准；团体旅客及携带婴幼儿旅客通常不予安排。

2. 非自愿由高等级舱位变更至低等级舱位

（1）采用逐级降舱的方式，即 F 舱降 C 舱，C 舱降 Y 舱。

（2）降舱后的旅客仍享受高等级舱位的免费行李额和地面服务标准，票价差额按照实际舱位分别计算。

任务二 | 航班运输不正常的服务

任务描述 ✐

庆"黄金周"期间，小张正在候机楼等待登机，突然听到广播响起"前往北京的旅客请注意，我们抱歉地通知，您乘坐的 CZ8188 次航班，由于目的地天气原因不能按时起飞，起飞时间待定，在此我们深表歉意，请您在出发大厅内休息，等候广播通知，谢谢"。小张特别不能够理解，为什么明明出发地没有下雨航班依然不能按时起飞。请你给小张正确解释航班不正常起飞的原因。

任务目标

1. 了解不正常航班的原因。

2. 区分不正常航班的类别。

3. 正确处理不同类别的不正常航班。

任务探究

正常航班是指由于天气或者机械故障等原因造成的不能按公布时间正常飞行的航班。不正常航班的服务是指根据航班的不正常情况提供相应的服务。

一、不正常航班的原因

（1）承运人原因．工程机务、航班计划、运输服务、空勤人员等。

（2）非承运人原因。天气、突发事件、空中交通管制、安检、旅客原因等。

二、不正常航班的分类

（1）航班延误。指由于各种原因，飞机不能按照客票列明的离站时间 15 分钟内正常起飞的航班。

（2）航班取消。指先前计划执行飞行任务的航班停止飞行。

（3）航班补班。指航班由于天气、突发事件或航空公司飞机故障、航班计划等原因，无法按原班期时刻完成运输，造成旅客在始发地滞留，确定起飞时间于次日（或次日以后）完成航班任务。

（4）航班中断。指航班到达经停站后，取消后续航段飞行。

（5）航班返航。指航班在飞行途中，由于天气变化、突发事件、空中交通管制等原因，不能继续执行航班飞行任务，飞机返回始发地降落。

（6）航班备降。指航班由于突发事件、天气、不可抗影响等原因，航班临时更改目的地降停在非计划落地点。

（7）航班合并。指将相同航程的不同航班合并为一个航班飞行。

三、不同类别不正常航班处理

1. 航班延误

（1）如在旅客前往机场办理乘机手续前已得知航班将延误较长时间，应尽量通过定座电话和短信的方式通知旅客航班的变更时间。

（2）如事先无法与已购票旅客取得联系，则机场值机部门应按原定办理乘机手续时间在柜台等候旅客，并向旅客说明情况，做出相应处理。

（3）2 小时以内的延误，应提供饮料服务，如正好是进餐时间，应提供餐食；延误超过 4 小时的，除发放饮料、餐食外，还应当提供宾馆供旅客休息。由于机务维护、航班调配、机组等航空公司自身的原因，造成航班延误，航空公司将根据延误的实际情况，向旅客提供经济补偿。延误4小时（含）以上不超过8小时，每位旅客补偿人民币200元；延误8小时（含）以上，每位旅客补偿人民币400元。具体补偿标准和补偿方案由各航空公司自行制定。

（4）保障旅客和知情权。每间隔30分钟向旅客通报一次航班动态信息。

（5）对于延误超过4个小时的航班，应了解航班延误原因及预计起飞时间，做好与宾馆的服务交接工作。

（6）安排相关人员陪同延误旅客前往宾馆。

（7）如遇特殊原因无法安排相关人员陪同前往，应与宾馆事先联系，请宾馆代表航空公司安置旅客，并保持联系及时解决旅客的问题。

（8）旅客入住宾馆后，及时向宾馆通报航班信息，由宾馆及时告知旅客。

（9）旅客提出自行安排住宿时，可根据情况与旅客协商到住宿地的地面交通费用，并将预计起飞时间告知旅客，提醒旅客随时关注航班信息。

（10）航班起飞时间确定后，应安排地面运输车辆将宾馆旅客送回机场。

（11）对各种原因造成的航班延误，应耐心安抚旅客、听清旅客诉求。

2. 航班取消

（1）将航班取消的信息通知旅客。

（2）根据旅客意愿，为其办理改签或退票手续。改签和退票不收取费用。

（3）根据情况，按有关规定为改签旅客提供膳宿服务。

（4）根据情况，填写"不正常航班旅客补助发放登记表"和"航班不正常服务费用清单"，为旅客提供经济补偿。

3. 航班补班

（1）商务运输部门提前了解执行补班飞行的机型、机号、座位分布图等情况。

（2）重新办理乘机手续，收回原航班登机牌，交运行李重新过磅，发放新的登机牌。

（3）补班航班运力尚有余载时，可办理非补班旅客的购票、乘机手续。

（4）补班飞行前的服务工作，按照航班取消有关规定办理。

4. 航班中断

（1）及时在可告知范围内保障旅客的知情权，告知旅客航班中断的原因。

（2）积极联系承运人的后续航班，保障旅客出行。

（3）承运人无后续航班或后续航班运力不足时，可利用其他承运人航班。

（4）可根据实际情况使用地面运输或者其他运输方式。

（5）继续乘机的旅客，如需提供膳宿服务，按照承运人原因航班延误的有关规定办理。

5. 航班返航

（1）承运人根据需要（等候时间较长、起飞时间不确定等）组织旅客下机，对返航航班旅客，按照航班不正常有关规定提供服务。

（2）广播引导旅客前往不正常航班旅客休息厅休息。

（3）做好旅客的解释和安抚工作。

（4）旅客再次登机时，应再次核查人数。

6. 航班备降

（1）航班备降后，如等候时间较长或起飞时间不确定等，应组织旅客下机。

（2）在备降等候期，如需提供膳宿服务的，按照承运人原因航班延误的有关规定办理。

（3）一般禁止旅客在备降航站终止旅行（特殊情况除外）。

（4）尽可能在备降时安排重要旅客、头等舱旅客、公务舱旅客、特殊旅客在专用休息点休息。有无成人陪伴儿童等特殊服务旅客时，需及时与接机人联系，告知航班情况。

案例分析

今日网络上出现了《康森台风登陆，海航大叔对延误的乘客下跪道歉》的帖子及视频。视频中，一位自称地勤人员的工作人员向滞留旅客下跪道歉，并请求旅客登机。一名女乘客连续多次大叫："没用……"并要求其他乘客不要心软，称"跪了就了事了？"视频中自称53岁的大叔作90°鞠躬，并要求旁边的工作人员一并鞠躬，说："现在航班马上就要起飞，我们还有37名旅客没有登机，对于你们这几位还没有登机的旅客，我们第二次表示深深的道歉。"但是一位女乘客不为所动，连续大喊："没用！没用！"并要求"有实质性的东西"。大叔再次劝说旅客登机未果，随后单膝下跪，抱拳高举头顶。女乘客依然大叫没用。大叔随后双膝下跪，两手撑地，额头点地。旁边的工作人员想扶起大叔，大叔皆拒绝。

请评价案例中海航"大叔"的行为，如果是你，你会怎么做？

任务实训

1. 收集航班运输不正常的案例，分乘务组讨论处理流程。

2. 模拟航班运输不正常的情况，并提供正确的服务。

知识链接

航班延误险

航班延误险的标准没有明确的规定，不同的航空公司推出的延误险有所区别。在购买延误险以后，要是出现了航班延误的情况，可以向航空公司申请延误赔偿。

航空公司因自身原因造成航班延误，除按照《中国民用航空旅客、行李国内运输规则》的有关规定，做好航班不正常情况下的服务工作之外，还应根据航班延误4小时（含）以上不超过8小时、延误8小时（含）以上不同延误时间的实际情况，对旅客进行经济补偿。经济补偿可以采用多种方式。航空公司应根据并尊重旅客本人的意愿和选择，通过现金、购票折扣和里程等方式予以兑现。为避免进一步延误影响后续航班和旅客，防止空勤人员疲劳驾驶形成飞行安全隐患，经济补偿一般不在机场现场进行。航空公司可以采取登记、信函寄回等方便旅客的办法完成经济补偿。具体的补偿方法和方案由各航空公司在此框架下根据各自的情况制定。